No olho do furacão

No olho do furacão
Anderson Quack

aeroplano
editora

Programa Petrobras Cultural

Apoio

Copyright © 2010 Anderson Quack

COLEÇÃO TRAMAS URBANAS (LITERATURA DA PERIFERIA BRASIL)

organização
HELOISA BUARQUE DE HOLLANDA

consultoria
ECIO SALLES

produção editorial
CAMILLA SAVOIA

projeto gráfico
CUBICULO

NO OLHO DO FURACÃO

produtor gráfico
SIDNEI BALBINO

designer assistente
DANIEL FROTA

foto da capa
ELZA IBRAHIM

revisão
CAMILLA SAVOIA
ITALA MADUELL
LETÍCIA BARROSO

revisão tipográfica
CAMILLA SAVOIA

Q15n

Quack, Anderson
No olho do furacão / Anderson Quack. - Rio de Janeiro : Aeroplano, 2010.
il. (Tramas urbanas)

Apêndice

ISBN 978-85-7820-052-7

1. Quack, Anderson. 2. Cufa (Projeto cultural). 3. Diretores e produtores de cinema - Brasil - Biografia. 4. Cinema - Rio de Janeiro (RJ). 5. Teatro - Rio de Janeiro (RJ). I. Programa Petrobras Cultural. II. Título. II. Série.

10-5554.   CDD: 927.9143023
           CDU: 929:791.43.071.2

27.10.10   29.10.10   022284

TODOS OS DIREITOS RESERVADOS
AEROPLANO EDITORA E CONSULTORIA LTDA

AV. ATAULFO DE PAIVA, 658 / SALA 401
LEBLON - RIO DE JANEIRO - RJ
CEP: 22.440-030
TEL: 21 2529-6974
TELEFAX: 21 2239-7399

aeroplano@aeroplanoeditora.com.br
www.aeroplanoeditora.com.br

A ideia de falar sobre cultura da periferia quase sempre esteve associada ao trabalho de avaliar, qualificar ou autorizar a produção cultural dos artistas que se encontram na periferia por critérios sociais, econômicos e culturais. Faz parte da percepção de que a cultura da periferia sempre existiu, mas não tinha oportunidade de ter sua voz.

No entanto, nas últimas décadas, uma série de trabalhos vem mostrar que não se trata apenas de artistas procurando inserção cultural, mas de fenômenos orgânicos, profundamente conectados com experiências sociais específicas. Não raro, boa parte dessas histórias assume contornos biográficos de um sujeito ou de um grupo mobilizados em torno da sua periferia, das suas condições socioeconômicas e da afirmação cultural de suas comunidades.

Essas mesmas periferias têm gerado soluções originais, criativas, sustentáveis e autônomas, como são exemplos a Cooperifa, o Tecnobrega, o Viva Favela e outros tantos casos que estão entre os títulos da primeira fase desta coleção.

Viabilizado por meio do patrocínio da Petrobras, a continuidade do projeto Tramas Urbanas trata de procurar não apenas dar voz à periferia, mas investigar nessas experiências novas formas de responder a questões culturais, sociais e políticas emergentes. Afinal, como diz a curadora do projeto, "mais do que a internet, a periferia é a grande novidade do século XXI".

Petrobras - Petróleo Brasileiro S.A.

Na virada do século XX para o XXI, a nova cultura da periferia se impõe como um dos movimentos culturais de ponta no país, com feição própria, uma indisfarçável dicção proativa e um claro projeto de transformação social. Esses são apenas alguns dos traços de inovação nas práticas que atualmente se desdobram no panorama da cultura popular brasileira, uma das vertentes mais fortes de nossa tradição cultural.

Ainda que a produção cultural das periferias comece hoje a ser reconhecida como uma das tendências criativas mais importantes e, mesmo, politicamente inaugural, sua história ainda está para ser contada.

É nesse sentido que a coleção Tramas Urbanas tem como objetivo maior dar a vez e a voz aos protagonistas desse novo capítulo da memória cultural brasileira.

Tramas Urbanas é uma resposta editorial, política e afetiva ao direito da periferia de contar sua própria história.

Heloisa Buarque de Hollanda

Dedicado a
Celso Athayde, pelo exemplo, MV Bill, pela inspiração, e Liz Oliveira, pela segurança.
As histórias desse livro passam basicamente pela crença que esses três personagens tiveram na minha pessoa quando eu era bem jovem e sem perspectiva. Ao traduzir minhas experiências na infância e na Cufa em um livro, dedico a eles, porque sem eles muitas dessas histórias talvez nem acontecessem.

Em memória de
Creuza Vicente do Nascimento, vó Creuza, e Wanda Moraes Alves, Tia Mada. Ambas, se estivessem vivas, disputariam o primeiro livro e o primeiro autógrafo. Muito do que sou devo a elas.

Sumário

12 Apresentação - Eliane Costa
15 Prefácio - Cacá Diegues

20 **Cap.01 Ossos do ofício**
Vendedor de picolé
Boy de macumba
Jogando nas onze

52 **Cap.02 Cufa Cidade de Deus**
Missão impossível
Cufa CDD
Caça aos colunistas
Juventude da Cufa
Elas no poder

90 **Cap.03 Audiovisual da Cufa**
Alfabetização Audiovisual

102 **Cap.04 CDD**
Eu, Nino e Deus na Cidade de Deus...
Do Macedo Sobrinho pra cá
Pixiguitos
Saudação a CDD

130 **Cap.05 Cia. de Teatro Tumulto**
Paixão à primeira vista

156 **Cap.06 Me chamo Quack**
Mike Tyson — minha primeira vez...
Desde os sete anos
Botando o bloco na rua

184 **Cap.07 Baile funk**
206 **Cap.08 Estação Hutúz**
226 **Cap.09 No olho do furacão**

243 Anexos, por Anderson Quack
261 Agradecimentos
266 Imagens: índice e créditos
271 Sobre o autor

Apresentação

No começo de 2007, a Universidade Candido Mendes, onde dou aula na pós-graduação de Gestão Cultural, me pediu que organizasse, e moderasse, um debate para a série Encontros com a Cultura, ali desenvolvida.

Na ocasião, eu já ocupava, há quatro anos, o cargo de gerente de patrocínios culturais da Petrobras, e estava profundamente empenhada na estruturação de um segmento de apoio a projetos de arte e cultura desenvolvidos em favelas e comunidades do Rio de Janeiro. Estava mobilizadíssima com as conversas que tinha com o pessoal do AfroReggae, da Central Única das Favelas (Cufa), do Nós do Morro, da Cia. Étnica de Dança, do Observatório das Favelas, do Crescer e Viver, do Viva Favela, da Associação dos Músicos e Compositores da Baixada Fluminense, entre outros projetos que certamente levarei como as minhas mais ricas lembranças dos anos passados nesse cargo.

Muito mais que profissionalmente, eu estava, pessoalmente, muito tocada pelo vigor e pelo poder de interpelação dessa produção cultural que brotava da periferia, estimulando a cultura urbana com uma energia de novas cores, sons e possibilidades.

Nada mais natural, então, que fazer o debate com as lideranças desses movimentos, pessoas cuja garra e capacidade de inventar, e de se reinventar, não paravam de me instigar. No entanto, nas visitas que fazia às bases dos projetos, eu começava também a ficar muito impressionada com alguns dos jovens com quem, nessas ocasiões, eu tinha a oportunidade de conversar. Principalmente aqueles, e aquelas, que já começavam a representar a segunda geração daquelas ações, pois, estando ali há algum tempo, conquistavam protagonismo, como instrutores e coordenadores.

Pensei, então, que poderia ser bacana organizar o debate exatamente com alguns desses jovens, em vez de convidar as lideranças. Assim foi. E foi um tremendo sucesso. Era a primeira vez que os meninos se apresentavam, em um auditório, como palestrantes. Um deles, que chegou de paletó, me disse — nervoso, mas muito orgulhoso — que havia passado antes em casa, para se arrumar. Cada um falou de suas trajetórias, famílias, comunidades, de suas lutas para estudar e trabalhar, das coisas que não tinha conseguido fazer, dos amigos que já havia perdido, mas também de sonhos, teimosias e conquistas, as mais recentes relacionadas com os projetos que ali representavam. Em seguida, cada um exibiu seus trabalhos — documentários em vídeo sobre suas comunidades, clipes de publicidade e curtas de ficção, diversos já premiados...

As perguntas que brotavam do público davam a medida da surpresa e do interesse que os meninos despertavam. E eles as respondiam, cada vez mais animados com sua estreia no papel de palestrantes.

O mais falante contou de suas muitas lutas dentro da favela, na Cidade de Deus. Do contato que tivera, a vida toda, com a miséria e a violência, "sem intervalo comercial", como dizia. Falava de forma muito articulada, entremeando reflexões agudas, estórias engraçadas, e referências a Cartola, Machado de Assis e Mario de Andrade, à cidade partida, à Semana de 22 e aos anos 1960.

Identificava-se como um "empreendedor intuitivo": tinha vendido picolé, sido boy de centro de macumba, funkeiro e rapper, sempre dando o seu jeito de viver honestamente... Até ser encurralado pela pergunta de MV Bill que o questionara sobre o sentido de "ir pro baile brigar preto contra preto, pobre contra pobre". Sem ter conseguido achar uma boa resposta, aceitara o convite pra entrar pra Cufa, levando três amigos (um é, hoje, produtor de MV Bill, o outro é diretor de um dos episódios do filme 5x Favela, recém-lançado). Ali, criou, e passou a dirigir, a Cia. de Teatro Tumulto, além de participar de diversos projetos de cinema. Foi trabalhar na PUC, e depois com Lázaro Ramos, como assistente de direção do programa "Espelho" (do qual hoje é diretor geral). Falava sem parar, deixando claríssimo que um dia poderia contar muito mais coisas...

O jovem se chamava Anderson Quack. Desde aquele debate, nunca mais o perdi de vista.

Três anos depois, conversando com Heloisa Buarque de Hollanda, ela me perguntou se eu teria uma sugestão de autor para um dos volumes desta Coleção Tramas Urbanas (mais uma de suas inumeráveis grandes ideias!). Não tive nenhuma dúvida. E fiquei muitíssimo emocionada quando, há três semanas, ele me convidou para escrever essa apresentação.

— Fala aí, Quack!

Eliane Costa
Rio de Janeiro, agosto de 2010

Prefácio

Faça a coisa certa

Graças a seus próprios produtores culturais, as favelas cariocas começam a se revelar, ao resto da sociedade brasileira, como de fato são. Marcadas por estereótipos e clichês consagrados pela comunicação instantânea em busca da notícia mais impressionante, essas comunidades estão vencendo a barreira dos preconceitos que as deixaram vistas e tratadas como guetos de violência e criminalidade.

Resultado de migrações sucessivas, as favelas já foram áreas semirrurais sobre as colinas do Rio de Janeiro, com seus espaços plantados onde vagavam animais domésticos e de criação. Com o crescimento acelerado e desordenado da cidade, elas se tornaram dormitórios proletários, onde se amontoavam as novas forças de trabalho, mais perto dos locais onde estavam seus empregos. A ideologia oficial da remoção, o projeto de um dia acabar com elas, impedia qualquer tipo de melhoramento urbano e até mesmo a aceitação formal de que elas eram parte de um bairro da cidade.

Os próprios artistas das favelas introjetaram em suas obras essa ideologia da remoção, sonhando, em seus sambas, com descer o morro, ganhar o asfalto e abandonar de vez o barracão de zinco sem telhado e sem pintura. Era como se a vida nelas não fosse mais que um purgatório, uma expiação da qual só se escapava com a graça de um pandeiro na mão ou de uma bola de futebol nos pés.

Hoje, uma nova geração de produtores culturais, nascida nas favelas, representa suas comunidades com outra ideia do que são e do que querem ser. Orgulhosos deles mesmos e de seus parentes, vizinhos e amigos, dos valores que fortalecem sua autoestima e a relação entre eles, conscientes de seu lugar e de seu papel diante da cidade e do país, essa geração está inventando uma cultura que já contagia os jovens do asfalto em suas linguagem, música e literatura, em seus costumes de um modo geral. Uma cultura do nosso tempo.

A favela marginalizada que inventou o carnaval e mudou o jeito do mundo jogar futebol agora reivindica para si mesma direitos de cidadania e o reconhecimento de seus valores. E, para isso, aprendeu a usar os instrumentos contemporâneos a seu alcance, e do seu próprio jeito.

Anderson Quack é um desses jovens produtores culturais dessa nova favela. Conheci-o há já algum tempo, cruzando com ele em cursos, palestras e projeção de filmes de que andei participando em algumas comunidades cariocas. Desde o início da década de 1990, graças aos convites de organizações como o Nós do Morro (Vidigal), a Cufa (Cidade de Deus), o AfroReggae (Vigário Geral) e o Observatório de Favelas (Maré), tenho acompanhado in loco o surgimento e o crescimento da primeira geração de cineastas moradores de favela, da qual Quack faz parte, dividindo essa atividade com a do teatro que ele tanto ama.

Vencendo os estereótipos de que são vítimas, essa geração descobriu o audiovisual como forma de expressão original, usando pequenas câmeras domésticas, miniDVDs e celulares, fazendo filmes que são distribuídos entre as organizações culturais de suas comunidades ou em cineclubes e festivais fora delas. Hoje, muitos deles já estão trabalhando na economia formal do cinema brasileiro e quase todos permanecem fiéis à ideia de revelar o que são, fazendo os filmes que só eles podem e sabem fazer.

Quack esteve na origem do projeto "5x Favela - Agora por nós mesmos", sendo, através da Cufa (Central Única de Favelas, da qual é um dos líderes), um de seus primeiros incentivadores. Atualmente, além de sua atividade como diretor da Cia. de Teatro Tumulto (idealizada e fundada por ele mesmo), ele também dirige o programa semanal (e seminal) "Espelho", liderado por Lázaro Ramos no Canal Brasil.

Nos dois meios, a atividade artística de Quack é sempre não conformista, sem ser autopiedosa ou complascente. Trata-se de construir um futuro em que a comunidade não vire pretexto para a falta de personalidade de cada criador. Ou seja, estimular a tradicional solidariedade comunitária, sem deixar de reivindicar, para si mesmo, o direito a uma obra pessoal.

Não se trata de fazer de sua obra um fantasma social a atormentar o sono dos ricos; mas de construir um novo mundo mais justo, com oportunidade para todos. Construir sua identidade sem ressentimento, sem o rancor que só faz mal a quem o sente. As peças e os filmes desses rapazes e moças moradores de favela, como Quack, são, acima de tudo, um testemunho de suas próprias vidas e da vida de suas comunidades. Como nenhum de nós, artistas que não moramos lá, somos capazes de fazer. E essa é a inestimável contribuição que eles dão à evolução da cultura brasileira, no cinema ou no teatro, seja no que for.

Nesse belo livro de Anderson Quack, o furacão a que se refere seu título não é uma negação daquilo que acontece em torno do autobiografado. O furacão, no olho do qual se encontra Quack, é a própria alma do autor e sua disposição diante da vida, seu desejo de transformar o mundo e a energia que investe nisso, por meio de sua arte e de sua própria existência.

Nele, vamos conhecer eventos públicos e privados das mais diversas naturezas. Aqueles que deram origem à militância da Cufa, liderada por Celso Athayde e MV Bill (aos quais Quack presta justas homenagens). Vamos saber quem eram os temidos sete Pixiguitos, grupo de adolescentes rebeldes, e suas aventuras na Cidade de Deus de outros tempos. Ou acompanhar o relato de encontros do autor com figuras famosas, importantes em sua formação, como Guida Viana, o Teatro do Olodum e Caetano Veloso. A descrição esfuziante dos bailes funk. Ou ainda, numa página deliciosa, tomar conhecimento de como o autobiografado teve sua "primeira vez", no banheiro de sua escola, numa noite deserta. A História se mistura com a história, sempre com a marca do respeito pelo lugar e pelos outros em torno de nós. É o ser humano que importa.

"Todo favelado tem orgulho do seu lugar", escreve Quack a certa altura, "pelo menos comigo é assim". E mais adiante, de modo mais explícito: "Eu vejo a Cidade de Deus e me ocupo dela, é de lá que vem minha inspiração para tudo o que eu faço." Esse amor por sua comunidade, no entanto, não é cego, nem bloqueia o reconhecimento das dificuldades: "A vida seria melhor se determinadas coisas não existissem no mundo: drogas, armas e a violência." Mas essas determinadas coisas não são a marca de um lugar, mas as de uma civilização que precisa ser melhorada. Os outros não podem ser penalizados por causa do horror provocado por alguns, como tem acontecido em alguns relatos, ficcionais ou não, sobre favelas.

Anderson Quack é um excelente exemplo dessa nova geração de produtores culturais moradores de favela. Um artista que constrói sua obra sem limites geográficos, mas com um compromisso definitivo de solidariedade com o seu próximo mais próximo. Como ele mesmo prega no final desse livro, Quack sempre fez a coisa certa.

Cacá Diegues
Rio de Janeiro, agosto de 2010

Cap.01
Ossos do ofício

Cap.01
Ossos do ofício

Vendedor de picolé

Eu era um garoto de 9 anos de idade e estava de férias na casa da minha tia, Maria Alice, em São Gonçalo, município do Rio de Janeiro. Passados alguns dias brincando, bateu uma espécie de depressão infantil e buscava outra brincadeira que não sabia o que era. Sabia apenas que tinha uma reserva de dinheiro. Chamei minha prima Beth e decidi que a nossa diversão seria outra.

Anderson Quack em: Vendedor de picolé.

Olha aê o picolé!

Aos 9 anos, vivi a experiência de administrar uma empresa de um garoto só: comprava, vendia, fazia balanço, pesquisa de mercado. Eu era o funcionário e o patrão ao mesmo tempo. Em um dia de muito cansaço, decidi quebrar a regra — não se quebra a regra de um jogo com tanta facilidade! Principalmente as regras da rua.

O picolé custava 45 centavos na praça, na praia, no ponto de ônibus e até dentro do ônibus. Isso significa que não importava se estivesse frio ou calor, era para ser vendido pelos ambulantes, que era o meu caso, pelos benditos 45 centavos. Sem fugir a regra! O faturamento seguia assim: gastava cerca de 10 cruzeiros na compra do picolé e 95 centavos com gelo seco, o equivalente a 15 picolés vendidos. Meu isopôr era júnior, cabiam uns 43 picolés do Dragão Chinês — popularmente chamado de picolé do China — e um pouco de gelo seco — não é por nada não, mas sempre fui louco por gelo seco, me amarro até hoje. Calculava minhas contas da seguinte forma: por cada picolé vendido, lucrava cerca de 30 centavos, se vendesse a 45, lucrava 25, e se vendesse a 25, lucraria 15, e se vendesse a 15 não teria lucro. Mas também não teria prejuízo. Uma tremenda coisa de doido! Rara exceção, se uma criança, filha de pais muito duros de grana como os meus, não desistisse de chorar, até que o vendedor — mesmo criança com idade igual ou inferior a dela — levasse em consideração o choro e o fato dela não ter escolhido ter pais duros de grana, e, enfim, fizesse mais barato um pouquinho: por 40 ou, no máximo, 35 centavos. Do contrário, o melhor a fazer era dar para o pirralho ou pirralha de graça. O que era comum acontecer.

O que, a meu ver, era totalmente justo, afinal era meu produto, comprado às minhas custas. Não havia um patrão a não ser eu próprio. Logo era autônomo e podia usar da minha autonomia para dar meu produto a quem eu quisesse e até vender por quanto quissesse! Santa inocência, estava completamente enganado...

— Olha aê o picolé!

Era como gritava com minha voz de pato rouco, mas sempre com muita energia, essa energia que me faltava naqueles instantes de cansaço, de quem faz das férias uma história de trabalho, de descobertas e empreendedorismo, e não de descanso. Era no terminal Sul, próximo ao Plaza Shopping, em Niterói, que encerrávamos nosso expediente. Lá ficavam os ônibus com destino às praias de Icaraí, Adão e Eva, São Francisco, Jurujuba, Boa Viagem e

Praia das Flexas. Quando as vendas em uma dessas praias não eram muito boas nos restava apenas o terminal, já que os ônibus demoravam a partir, as filas eram grandes e as vendas certas. Quer dizer, certo nunca é. Se tem alguma certeza na vida, não está na rua. Desde os taxistas às prostitutas e aos ambulantes, a rua é dos incertos.

Em um fim de tarde, daqueles que parecem madrugada, o sono tomava conta de mim, me deixando prestes a dormir no ponto de ônibus com o meu isopor júnior, fadado a acordar sem nada, quando pensei: "Preciso vender tudo para não carregar peso nem ir para casa distribuir sorvete para molecada de graça." Acreditava que, para um mundo melhor, os meninos tinham de trabalhar igual a mim. Não por obrigação, por pura vontade mesmo, apesar de tornar isso como minha obrigação em relação aos mais novos. Depois dessa pausa sonolenta de reflexão danei a gritar:

— Olha aê o picolé! Na minha mão paga 15!

Não dava sequer para abrir o isopor júnior. Conclusão: criei o maior reboliço.

— Ei moço, me dá um de uva!
— Acabou.
— De maracujá, tem?
— Tem.
— Então me dá dois.

Às 17h30, manga, coco e limão já tinham acabado fazia tempo. De leite condensado ainda tinha alguns, mas também era burrice, em pleno verão, vender picolé de leite condensado. Pena que só descobri isso na prática, voltando algumas vezes para casa com dez ou cinco que sempre sobravam.

Nesse dia da promoção voltei sem nenhum: os fregueses pediam de um sabor, mas levavam de outro sem reclamar. Teve uma criancinha que quase se queimou com o gelo seco — justamente o gelo seco! — o pai não viu, nem eu contei até porque, naquele exato momento, chegou o pessoal do isopor máster, querendo não só meu isopor júnior como também o dinheiro que havia conseguido naquele dia inteiro. E queriam mais! Queriam me dar uma lição, umas porradas. E não era papo de cascudo não, era madeira cantando! Se não fosse minha prima Beth chegar para desenrolar tudo, hoje, não estaria aqui para narrar esta história. Os fregueses são muito engraçados, não me lembro de um deles me apoiando, nenhunzinho! Acho até que tinha uns que acharam errado o que eu fiz. Logo eles que deveriam ser os primeiros a fechar comigo, afinal, fiz a promoção para eles, e não para mim. Eu só queria ir para casa descansar sem levar comigo três de caju, dois de tangerina, um de milho verde mole — ô picolé para amolecer rápido esse de milho verde — e os caras nem levaram isso em consideração.

> — O menó tu tá de vacilação, nós vamos tomar seu isopor pra tu lagar de ser otário.
> — Qual foi meu irmão, vai querer esculachar o menó? Vai esculachar o menó não, o menó tá comigo! – e a Beth seguiu dizendo — Vombora menó.

O ano era de 1986 e, naquela época, eram mais homens na função de ambulante, minha prima tinha 15 anos apenas, não me lembro de outra mulher que não fosse minha prima Beth vendendo picolé na rua, mas nada disso importa, o fato é que ela deu o papo nos caras.

> — Qual foi da situação com meu primo aí?

Os caras só podiam ser comédias, porque botaram a viola no saco de cara, daí até eu me cresci e decidi falar. Como eles pararam para dar ouvidos à minha prima numa situação daquelas? Era para sair pegando geral, até freguês. Beth mandou que eu ficasse quietinho e disse para os caras que isso nunca mais iria acontecer, e nunca mais aconteceu, aquela foi a última vez que vendi picolé. Ela ligou para meu pai ir me buscar e meu primeiro empreendimento ficou ali naquela rodoviária junto com os outros vendedores de picolé, e nunca mais gritei:

— Olha aê o picolé!

Boy de macumba

Em 1990, eu tinha 13 anos. Lá em casa, era preto no branco e disco voador quase todo dia. Eu e minha irmã estudávamos na E.M. Nelson Rodrigues. No mesmo ano, minha avó passou a frequentar um centro de macumba na Vila Valqueire.

Anderson Quack em: Boy de macumba.

— Eu quero trabalhar aqui!

Certa vez, meu pai foi me buscar na escola e me escondi por um bom tempo até que todos meus colegas sumissem, e saí logo depois. Fiquei com vergonha porque o carro do meu pai, o "trovão azul", um fusquinha 67 com a porta direita de uma cor e o para-lama esquerdo de outra, havia apontado na esquina da escola. Os alunos eram tão ferrados como eu, porém alguns moradores do condomínio onde a escola se localizava, na Merck, pareciam ter o rei na barriga, e eu não tinha muita consciência do que era ser classe A, B, C, D, E etc. Quando adolescente, colecionava alguns medos e traumas: medo de escuro, de defunto, de ratos, baratas, tinha vergonha de comprar ovo, fubá e modess. Graças à minha irmã perdi todos esses medos e complexos e pude enxergar um outro universo, menos traumático e, com o passar do tempo, passei a fazer questão de dizer: "Hoje meu pai vem me buscar de carro." Um belo dia, o carro enguiçou na porta do colégio e foi um tal de empurra-empurra que rachou a minha cara, mas, de repente, quando só meu pai tinha esperança, saiu do carro aquela fumaça de óleo queimado dando sinal de que o motor estava para bater a qualquer momento, e, em meio à fumaça, meu sorriso resplandecente e a certeza de que aquele carro tinha a marca de nunca nos ter deixado na mão.

Além de ser muitíssimo apegado a meu pai, era muito apegado, também, à minha avó, e nessa época da escola Nelson Rodrigues ela passou a frequentar um centro de macumba, e eu, mesmo não sendo da religião, a acompanhava. A responsável pelo centro, a Iguaciara, tinha uma assistente que nunca falava meu nome certo, a Adélia. O centro era bastante animado, tinha sempre festas, comidas, bebidas e as pessoas eram sempre pra cima, a alegria realmente imperava. Muitas pessoas, com necessidades diferentes, recorriam àquele lugar. Até encontrei um vizinho lá certo dia, o Jonathan, um metido a skatista. Nesse mesmo dia, o centro estava bastante movimentado, com muita dança, além dos comes e bebes tradicionais, o Jonathan já estava de saída e nem trocamos ideia. Quando terminaram as consultas, Iguaciara e Adélia, ainda vestidas com roupas típicas de terreiro, nos cumprimentaram e disseram: "Vamos nos trocar e voltaremos para falar com vocês. Não vão embora." "Ficaremos." — minha avó respondeu com voz doce.

Minha irmã ia pouco ao centro, com exatos 15 anos ela queria namorar e curtir os amigos, mas sempre com responsabilidade. Nessa época, ela já trabalhava, tomando conta de criança. De repente, ouço os passos de Iguaciara descendo as escadas. Ela era bem diferente da Adélia,

era gorda, branca e de cabelos pretos. Não lembro se tinha marido, a Adélia não tinha com certeza, vivia para o centro. Papo vai, papo vem, entre um cafezinho e outro:

> — Vamos colocar uma pessoa para trabalhar aqui, para ajudar a Adélia, que está com a coluna ruim.
> — Quando começa? — indagou minha avó.
> — Não sei, mas precisa ser logo, Adélia já não dá mais conta sozinha. — disse Iguaciara.
> — A coluna não é nada, eu não consigo é dar conta da rua e da casa, a pessoa vai ficar mais na rua, comprando as coisas, indo na mata catar folhas de mamona, bananeira, indo ao banco, na cachoeira, enfim, ajudando no que for necessário.
> — É, tem que ter mais gente mesmo. — disse minha avó.
> — É. — complementei já pensando na possibilidade de ocupar a tal vaga.

Iguaciara foi à cozinha verificar se o jantar estava pronto, eu fiquei na espreita esperando para, na primeira oportunidade, me candidatar, sem ao menos perguntar se meus pais gostariam da ideia. No fundo sabia que eles não aprovariam, não por ser um centro de macumba, mas por não quererem que eu e minha irmã tabalhássemos nessa idade. O estudo era a prioridade deles e apesar de eu e minha irmã concordarmos, a necessidade, às vezes, falava mais alto e a vida não é só comida.

> — Deixa que eu ajudo. — disse tentando mostrar uma postura mais adulta.

Já era hora do jantar e eles fizeram questão que ficássemos. Então ajudei a servir a mesa e depois queria recolher e lavar tudo, mas Adélia, talvez por medo de ganhar uma bronca da D. Iguaciara, disse:

> — Esquece, Andso. Eu tiro e lavo, pode deixar.
> — Então eu te ajudo.

E fui agarrando as coisas e fazendo junto com Adélia, trocando ideia com minha futura colega de trabalho e chefe. Quando D. Iguaciara deu uma brecha, entrei e disse:

— Eu gostaria de ocupar essa vaga de boy.

Todos atônitos, principalmente minha avó, que foi logo dizendo "Menino, isso é hora de brincadeira?", e eu dizendo que não, que era sério e que já tinha até ajudado a Dona Adélia — nessa hora todas viram donas —, e que elas podiam acreditar que não iria deixá-las na mão. Aproveitei a sessão "jogando na fogueira" para dizer:

— Meus pais sabem que eu conheço tudo no Rio de Janeiro.

Tinha muita experiência com a rua por ter acompanhado meu pai por onde ele andou, e ele andava bastante. Trabalhava na Gávea, mas ia sempre a Acari, onde tinha amigos do tempo em que trabalhou na GásBrás. No trajeto, conheci Madureira, Rocha Miranda, Irajá, Vaz Lobo, Coelho Neto e por aí vai... Com minha mãe, percorri os bairros de Olaria, Penha, Vila da Penha, Brás de Pina, Cordovil, entre outros. Eu e minha mãe fazíamos cobrança para minha avó Cesar, mãe dos meus tios falecidos Clemente e Tuca. Antes de seu falecimento nós assumimos a pendenga da cobrança para ela.

Só pensava assim "se a situação lá em casa vai mal e eu posso ajudar, por que não?" Minha mãe já tinha passado por cinco empregos. Nessa época, estava trabalhando na loja Bichinho da Seda, no Méier, e meu pai na PUC. Eu ficava em casa e aproveitava para chamar meus amigos, Geusué, Antoni e meu primo-irmão Torquato para bagunçar. Quando ia chegando a hora da minha mãe voltar tinha que arrumar tudo, nem sempre dava tempo. Usei tudo isso a meu favor, eles não tinham como e nem porque dizer não, a vaga era minha e pronto.

Fomos para casa. No caminho já fui ganhando uma bronquinha da minha avó Creusa: "Menino, isso não se faz, você não tem idade para isso." Meus pais nunca me bateram, nem na minha irmã. O amor que eles tiveram na nossa criação é, entre outras coisas, o que nos salvou, não estou dizendo que quem bate para educar está errado, mas defendo que é possível educar sem bater. Minha irmã estava em casa quando chegamos, por volta das 21h, já tinha jantado, mas deixou arroz, feijão e ovo mexido para mim, cardápio que variava de acordo com o chef de plantão.

Meu pai é o melhor chef que já vi, cozinha de tudo. Mas naquela fase da nossa vida a cozinha não oferecia muitos recursos, mas, ainda assim, ele fazia uma omelete digna de restaurante chic. Ele era o Rei do Omelete, título que depois viria a ser utilizado no restaurante que montaríamos, mas que não se concretizou. Minha especialidade era ovo com gema mole, mas quase não fazia, na verdade, só eu sei que tenho essa especialidade. Minha mãe fazia sempre a gosto do freguês.

Minha avó entrou em casa e foi logo dizendo que eu pedi trabalho no centro.

— Fazendo o quê? — perguntou minha irmã, Diinha.
— Diinha, D. Iguaciara precisa de alguém para ajudar a Adélia. — respondi apressadamente.
— E você está preparado para lavar banheiro? — perguntou minha irmã com ar de preocupação.
— É para fazer serviço de rua.
— Então Anderson vai ser boy de macumba! — exclamou com voz de quem entendeu.
— Sim! A gente precisa aumentar nossa renda.

E meus pais foram logo dizendo que não estávamos necessitados e que fome não iríamos passar. Com toda razão, fome nunca passamos.

— Anderson, não acho que você deva ir pelo dinheiro, mas pelo trabalho, pela responsabilidade, você é novo — para não chamar de criança —, tem que estudar, fazer mais cursos, você foi bem em datilografia, então acho que, se você for, deve ser pela experiência, e nós vamos lhe apoiar. — disse minha irmã.

"Como vou falar para meus amigos que sou um boy de macumba?"

Todos lá em casa concordaram com minha irmã, menos eu. Queria mesmo era ajudar em casa, estava doido para receber o primeiro salário e dar na mão da minha mãe, estava louco para receber o dinheiro da passagem, colocar uma camisa de escola e comprar um chã de dentro, um carré ou uma carne moída, queria que as horas passassem e eu pudesse chegar na Nelson, como chamávamos o colégio, e dizer ao Pablo, Nininho, Ronaldo e André que eu estava na batalha.

Não demorou muito e comecei o trabalho. O salário era um pouco menos que o salário mínimo da época. Com o dinheiro da passagem comprava-se carne, legumes, verduras e frutas, mas também separava algum para pagar a passagem do Caxias, que não deixava entrar com roupa de escola. Meu pai sempre dizia que não era para comprar besteira, somente o básico, mas minha mãe sempre comprava um Danone, um queijo e dizia: "Isso é o básico", e eu ficava feliz. Minha sobremesa era leite Moça na panela de pressão, queijo com goiabada e por aí vai.

Acabaram os tempos de disco voador e de farinha com açúcar. A vida na minha casa melhorou muito, afinal agora éramos os quatro trabalhando, meu pai na PUC, minha mãe na Bichinho, minha irmã tomando conta de criança e eu como boy de macumba. Meus pais nunca mais precisaram se preocupar em comprar roupa para mim e para minha irmã, porque nós mesmos nos vestíamos, apesar

de que isso nunca fez com que eles deixassem de se preocupar — e se preocupam até hoje.

Meu trabalho não era chato, e percebi na prática o quanto minha irmã tinha razão quanto às experiências. Era um cotidiano de muita alegria e dor, meu trabalho consistia em lidar com pessoas com vidas muito mais desgraçadas que a minha e que acreditavam que aquele trabalho salvaria suas vidas. Eu também acreditava. A minha vida posso dizer que o trabalho salvou porque, agora, eu ganhava um salário que levava para dentro de casa, mas a da grande maioria dos frequentadores, não: o sofrimento aumentava e o dinheiro encurtava de tanto fazer trabalho. Meu primeiro mês de salário, uma lição para eu nunca mais esquecer. Peguei meu dinheiro e não comprei uma bala, não joguei fliper e muito menos fui ao cinema com a Lú, dei todo na mão da minha mãe, que virou para mim e disse:

> — Anderson, o dinheiro é seu, meu filho, quem trabalhou foi você, faça dele o que quiser, compre coisas para você. Vá se divertir! Eu e seu pai trabalhamos para sustentar a casa.

Com os olhos rasos d'água, tentei argumentar, mas ela não aceitou. Passei cinco dias após o pagamento sem tocar no dinheiro, deixei guardado com minha mãe. No sexto dia, perguntei a minha irmã o que fazer, e ela me perguntou:

> — O que você gostaria de comprar?
> — Um rádio.

E fomos nós, em Madureira, para comprar um micro system CCE com dois decks, desses que a gente apoia no ombro. Tinha oito pilhas grandes, comprei roupas para mim e para ela, afinal somos parceiros inseparáveis. No segundo mês, metade do salário foi para pagar algo que não lembro o que era. No terceiro foi quase tudo, e eu ficava grato por poder ajudar, afinal foi isso que me motivou a ser boy de macumba.

Minhas principais atividades eram: comprar tigelas de barro, contas para fazer guias, velas de sete dias pretas e vermelhas e flores, além de limpar o chão e o banheiro. Certa vez um dos santos me chamou, acho que uma criança, e fui tremendo porque meu trabalho era com a D. Iguaciara e com a Adélia, porém, um chamado desses não dava para não ir. Ao chegar vi que D.Iguaciara estava vestida com uma roupa azul, com o rosto completamente diferente do normal e com a voz, tão diferente quanto o rosto, ela disse:

—Por que tem medo deu?
— Tenho não. — respondi.
— Você não é mentiroso que eu sei, por que mente pra mim? — indagou com desconfiança.
— Não tenho medo de você, sou medroso, tenho medo de defunto, tenho medo do escuro, tenho medo de barata.

Ela riu e foi a única vez que me lembro de ter conversado com um Erê. No fim da conversa, estávamos brincando, afinal eu também era uma criança. Ele me contou algumas coisas sobre minha vida que me deixaram realmente encabulado. Tudo que ele me falou, aconteceu.

Do quarto até o sexto mês só recebi a passagem, o centro foi perdendo clientes, nem minha avó ia mais. Eu insisti em ficar no trabalho e que, um dia, ela me pagaria tudo, porém meus pais foram incisivos e me tiraram de lá. Depois disso, percebi o quanto acreditava naquele lugar, naquelas pessoas e o quanto havia me envolvido com eles. Lembrei das palavras de minha irmã perguntando se eu estava preparado para lavar banheiro, falando que eu não devia ir senão pela experiência, lembrei da conversa com o Erê, lembrei de tudo que aquele lugar havia me proporcionado de bom e lembrei, também, que já havia três meses que eu não recebia e, no entanto, por menor que fosse o número de clientes, os trabalhos continuavam.

Não lembro de quando saí, nem por qual porta, se dei tchau ou se simplesmente sumi, só lembro que todas as vezes que eu passo pelo Valqueire lembro do feliz tempo em que fui boy de macumba.

Jogando nas onze

Um dia chamei os filhos do seu Zezinho para saírem da toca e fazerem alguma coisa, caçar uma menina, ir à matinê do Coroado, sei lá. André e Adriano, gêmeos, eram cariocas assim como a irmã, mas os pais eram nordestinos e eles eram educados dentro de casa, sem sair para quase nada, salvo colégio e feira com a mãe. Certa vez resolvi convidá-los para bater uma bola. Sabia que eles não jogavam bola, mas meu time estava desfalcado e não tinha alternativa. Eles toparam e ficaram felizes com o convite. Depois daquele dia nos tornamos amigos e os convidei para fazer outras coisas, qualquer coisa menos futebol. Naquele jogo, meu time tomou de 5x1 do time do banzai e tenho certeza que foi por ter colocado aqueles dois para jogar, um no gol e o outro na zaga.

Um dia eles me contaram que estavam trabalhando e pensei: "Os caras não são tão bicho do mato quanto parecem". Perguntei em quê. Eles explicaram, e eu disse: "Maneiro!" Fiquei intrigado com aquilo, nessa época não estava trabalhando, só estudava e fazia capoeira com o mestre Garrincha. Meus pais, definitivamente, não queriam mais que eu trabalhasse, e já havia entendido o recado. Mas dessa vez não se tratava de um trabalho, digamos assim, era só um biscate para o Natal. Meu primo-irmão Torquato, como só gostava de roupa de marca, convenceu a mãe a deixá-lo trabalhar para garantir a moda, que era: Píer, Alternativa, Company, Cyclone e Redley, e começou a trabalhar com os gêmeos. Insisti com a minha mãe também, mas meu argumento era outro, eu queria viajar e persisti até ela permitir que eu também fosse trabalhar.

O trabalho era fácil de aprender. Na época não existiam os locais de lava a jato e os carros tinham, basicamente, três formas para serem lavados: uma lavagem chamada "geral", considerada uma das mais caras, porém bastante eficiente; uma chamada de "carroceria", que hoje se usa menos em função do boom do lava a jato; e, ainda, a lavagem em casa, que o próprio dono fazia. Os donos de postos, ao perceberem que nem a lavagem geral, nem a carroceria estavam dando lucro, lançaram mão de uma promoção: quem abastecesse com X litros de combustível, ganhava uma lavagem grátis. E quem lavava? Nós! Dessa forma o dono do carro não tinha compromisso nenhum em nos dar uma moeda porque, afinal, ele tinha abastecido com os X litros. Mas Deus existe e essa foi uma das épocas em que mais ganhei dinheiro na vida. A gente lavava os carros e os caras deixavam de gorjeta o equivalente, hoje, a R$ 5 ou R$ 10 e às vezes R$ 20. Quanto mais perto do Natal, maior o valor. Um outro detalhe importante: quanto mais antigo fosse o carro, maior seria a gorjeta. Mas a verdade é que caprichávamos sem ver cara nem cor, sem ver se era novo ou velho o automóvel. Havia dias em que não tirávamos nada e outros em que o que tirávamos era gasto na conta da tendinha ou na conta do bolinho de aipim. Mas lá aprendi o que era ter responsabilidade. Fizesse chuva ou sol nosso horário era cumprido rigorosamente e fiscalizado pelo gerente do posto, um coroa sério, chamado seu Dan. Seu Zezinho, pai do André e do Adriano, era encarregado do posto, mas como eu trabalhava à tarde e ele de manhã, quase não nos víamos.

Os frentistas que trabalhavam no posto quase caíam na porrada com os meninos que lavavam carro e calibravam pneus, porque, antes, essa gorjeta era deles, então começaram a dizer para não calibrarmos os pneus, para ficarmos apenas lavando os carros. Calibrar rendia pouco e, obviamente, fazíamos corpo mole, isso até descobrirmos que calibrando a gente cativava e ganhava um cliente, ainda que para outro dia, mas ganhávamos um cliente para lavagem. Às vezes, os clientes não liam a promoção ou não abasteciam o suficiente para ter a lavagem, mas quebrávamos o galho. Seu Dan sabia, não era escondido, mas precisava ser discreto e essa discrição a gente só conseguia na hora de calibrar. Por muitas vezes lavamos os carros e não ganhamos nada no dia, mas depois. Esses eram os que eu mais gostava, e sempre vinha mais gente porque o freguês gosta quando você acredita nele e acaba pagando mais por isso.

Com a modernização dos postos e a chegada de equipamentos que até falam com os clientes, é raro ver algum menino calibrando pneus. Em geral é o próprio dono do carro ou um frentista. Hoje, o frentista não tem mais obrigação de ficar segurando a mangueira até chegar no valor que o freguês pediu. O motorista fala "põe R$25", o frentista marca na bomba e vai atender outro cliente. Outra mudança foi o aumento de mulheres ao volante e operando as bombas de gasolina, na vida são elas que vão dominar o mundo e eu estou ansioso para que isso ocorra logo. O primeiro posto que vi com mulheres no comando das bombas foi o "Posto Vagão". O pioneiro era de Realengo, bem na Avenida Brasil, um amigo meu saía de Irajá para abastecer lá. Depois passou a ser comum a cena das mulheres comandarem bombas de gasolina.

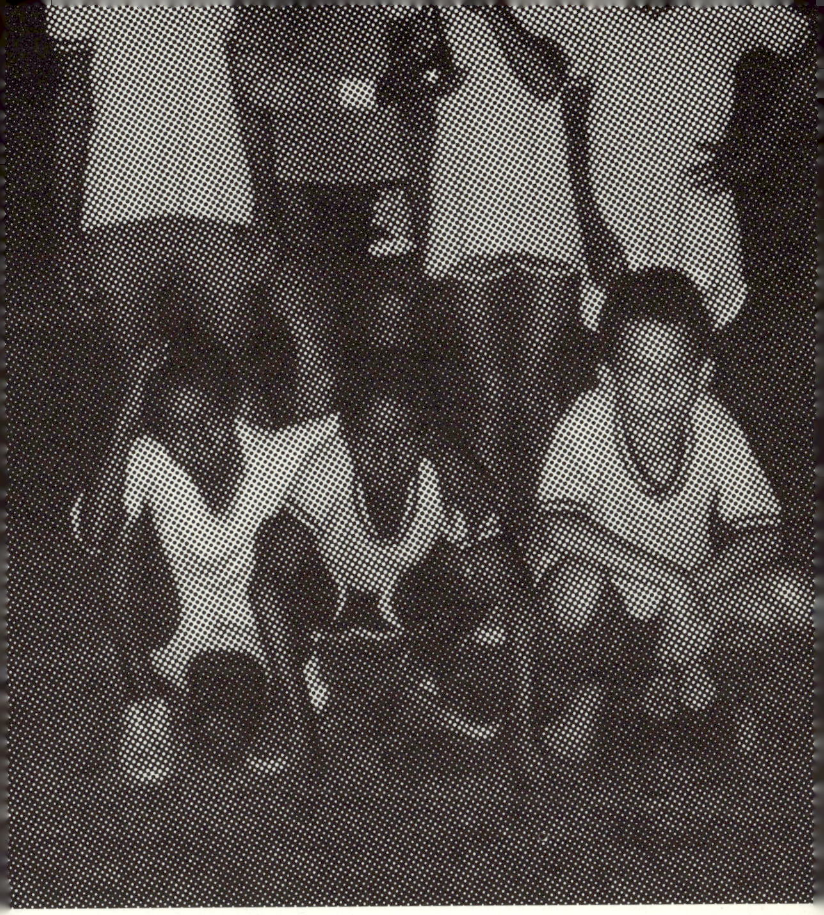
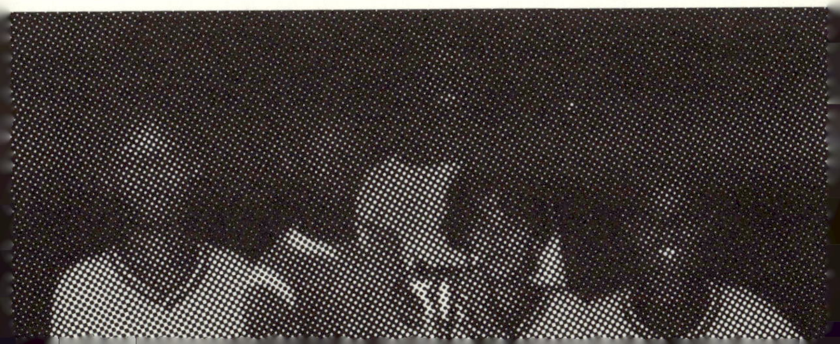

Com o dinheiro da lavagem de carro, comprei um som 3 em 1 da CCE, comprei roupas na Impecável Maré Mansa, viajei no Natal para Maromba, em Visconde de Mauá, Ano Novo para Cabo Frio e Carnaval para Ilha Grande e, quando pensei que iria voltar do Carnaval para o posto, minha mãe já tinha feito minha inscrição no Senai, por meio do meu tio Getúlio. Fiquei mais um período sem trabalhar e só voltei a trabalhar quando saí do Senai, três anos depois. Desta vez na praia, na barraca do Dugo, enquanto esperava ser chamado para a Aeronáutica. No período de convocação ninguém assina sua carteira e o jeito é se meter na informalidade se não quiser ficar parado, que era o meu caso.

Graças ao Senai, havia assinado, pela primeira vez, minha carteira de trabalho pela construtora Paskim Engenharia. O trabalho foi, na verdade, um estágio na Av. Atlântica como bombeiro hidráulico e como eletricista predial, minhas duas formações no Senai, mas o que gostava mesmo era de ver as prostitutas em Copa. Pensava em formar família, tinha ciúme, mas nada disso chegou ao conhecimento delas.

Quando a Paskim recebeu a notícia de que eu serviria o quartel, conversou comigo para que eu pedisse as contas. Ficaria pelo menos um ano com tempo ocioso, já que ninguém me empregaria na fase do pré-quartel. Saí da Paskim para a praia. Às 5h da matina era o horário que saíamos, eu e o Dugo. Nossa barraca ficava guardada em um buraco que fazíamos todos os dias antes de irmos embora, no próprio ponto. Outros materiais eram guardados em outro ponto, alugado, no condomínio em frente. Uma das piores partes era comprar gelo na rua e descer com ele no ombro até a barraca, quando estava na hora do gelo passar. Já tínhamos feito muito esforço ao montar barraca, descer com bebida, além de buscar cadeira e barracas de sol. Já estava praticamente morto depois dessas tarefas, só que a brincadeira ainda estava para começar. Na praia o código é o freguês levantar o braço e o vendedor correr até ele. Se o cara não for safo, ele vai dar várias viagens iguais a essa. O ideal é o cara já identificar o que o freguês quer para diminuir o número de corridas na areia fofa e quente. Meu azar foi trabalhar na praia em um momento da vida onde eu frequentava a noite carioca de A a Z. Era do rock, do pop, do samba, do funk, do axé, do forró e depois ia direto para a praia e da praia para a noite. Esse período fez com que ficasse com cara de mais velho mais cedo.

Da praia fui parar na Aeronáutica, como recruta nº 5060, e nome de guerra A.LUIZ. Mas todos me chamavam de "Quack" ou "de Deus". Passei quatro meses em Santa Cruz, me formei S2, ou seja, o soldado mais raso da força aérea, e fui para a base aérea do Galeão na Ilha do Governador, onde passei mais três anos e meio, dispensando quatro anos da minha vida ao serviço militar. Depois de formado, deveria escolher como passaria os próximos anos no quartel, algumas opções eram infantaria, mecânica, eletricista e bombeiro hidráulico, tratorista e jardineiro. Estava em forma quando correu o bizu que jardineiro não tirava serviço, ou seja, isso significava estar todo fim de semana em casa. Não hesitei quando o cabo soltou a voz perguntando se alguém era jardineiro na tropa, levantei o braço no meio de outros quinhentos braços abaixados em posição de descançar. Fiquei constrangido, mas me mantive firme. O cabo Gilmar, responsável pelo setor, se aproximou e perguntou sobre minha experiência. Eu disse que na minha casa tinha um imenso jardim, e que eu ajudava meu pai a cuidar. Ele perguntou se mais alguém se candidatava, no que levantaram mais dois companheiros que, por coincidência, também moravam em Jacarepaguá, e formamos, assim, a equipe da limpeza. Nosso trabalho era levar o lixo do quartel até o lixão de Gramacho, depois passamos a usar a motosserra para cortar galhos de árvores, depois fomos operadores de tobata (um trator de cortar grama) e também molhávamos as plantas.

Colocávamos remédio de matar a grama, varríamos o quartel, pintávamos calçadas e postes com cal, mas não chegava a ser uma rotina. Cada dia uma tarefa. A nossa farda era um macacão azul. Quando cheguei ao quartel, ao contar aos meus pais que tinha feito essa opção, por ser jardineiro, meu pai quase deu um troço. Outra que pirou foi minha vó Creusa. Eles acharam que eu podia ser preso por essa mentira e que eu não era nada jardineiro e que tinha uma profissão. Convenci meu pai a me dar uma oficina de jardinagem, aprendi a mexer com terra e aprendi que água demais mata planta. E isso me ajudou por dois anos até eu ir para a hidráulica. Após um ano e seis meses, fui para a infantaria, um pouco por opção e um pouco por necessidade. É que caí na porrada com uma porra de um sargento. Mas não me esquentei muito porque antes mesmo de sair do Galeão já estava empreendendo e, dessa vez, era um empreendimento de verdade. Eu e meu primo-irmão Torquato fundamos o mototáxi da CDD. O projeto está lá até hoje, eu é que não estou mais. Deu uma dorzinha de cabeça e acabei abandonando o projeto para seguir minha vida, fui ser flanelinha.

A PUC tem um megaestacionamento no lugar em que, na década de 1960, existia uma favela. Nesse estacionamento trabalham alguns flanelinhas e fui trabalhar lá. Na PUC eu não perdi tempo, de flanelinha a homem que copiava, a contínuo, a auxiliar técnico e a técnico. Sempre mantive contato com a universidade, fiz aulas como ouvinte e conheci pessoas, alunos, professores, funcionários e visitantes, independentemente da área, queria me relacionar. Como funcionário nem todos gostavam desse meu trânsito e, sendo assim, na mesma velocidade em que criava afetos também criava desafetos. Mas isso não importava, sabia que era por uma causa nobre, afinal, deixei de viajar e conhecer o mundo por meio da capoeira para estar no Brasil correndo atrás da minha formação, e era o que eu fazia, sem perder tempo.

Entre um contato e outro conheci uma moça chamada Denise Portinari, do departamento de desenho industrial, onde tinha um trânsito livre devido aos professores, como o Riper e mais uma rapaziada. Ela conseguiu que eu fizesse o curso de fotografia. Não hesitei, fiz o curso e me aventurei em umas fotos ousadas. O MV Bill gostou e me convidou para ser fotógrafo dele. A partir daí me estabeleci em duas funções: uma considerada emprego, a PUC, e a outra considerada trabalho. Durante muito tempo consegui manter bem as duas atividades quando vieram as viagens frequentes e inevitáveis com o Bill e tive de sair da banda do MV Bill. Celso Athayde me deu a responsabilidade de assumir o audiovisual, mas, meu amigo, essa história é longa demais e tem um capítulo só pra ela. O que importa é que a PUC ficou pequena para mim, precisava tomar uma decisão que vinha sendo adiada há vários anos e por muitos motivos. A PUC já tinha sido para mim uma grande escola, literalmente, mas a Cufa (Central Única das Favelas) reservava algo maior para mim, projeção, referência. Contudo, nunca vou esquecer nenhum desses trabalhos que tive antes da Cufa e nem de todas essas histórias.

No olho do furacão

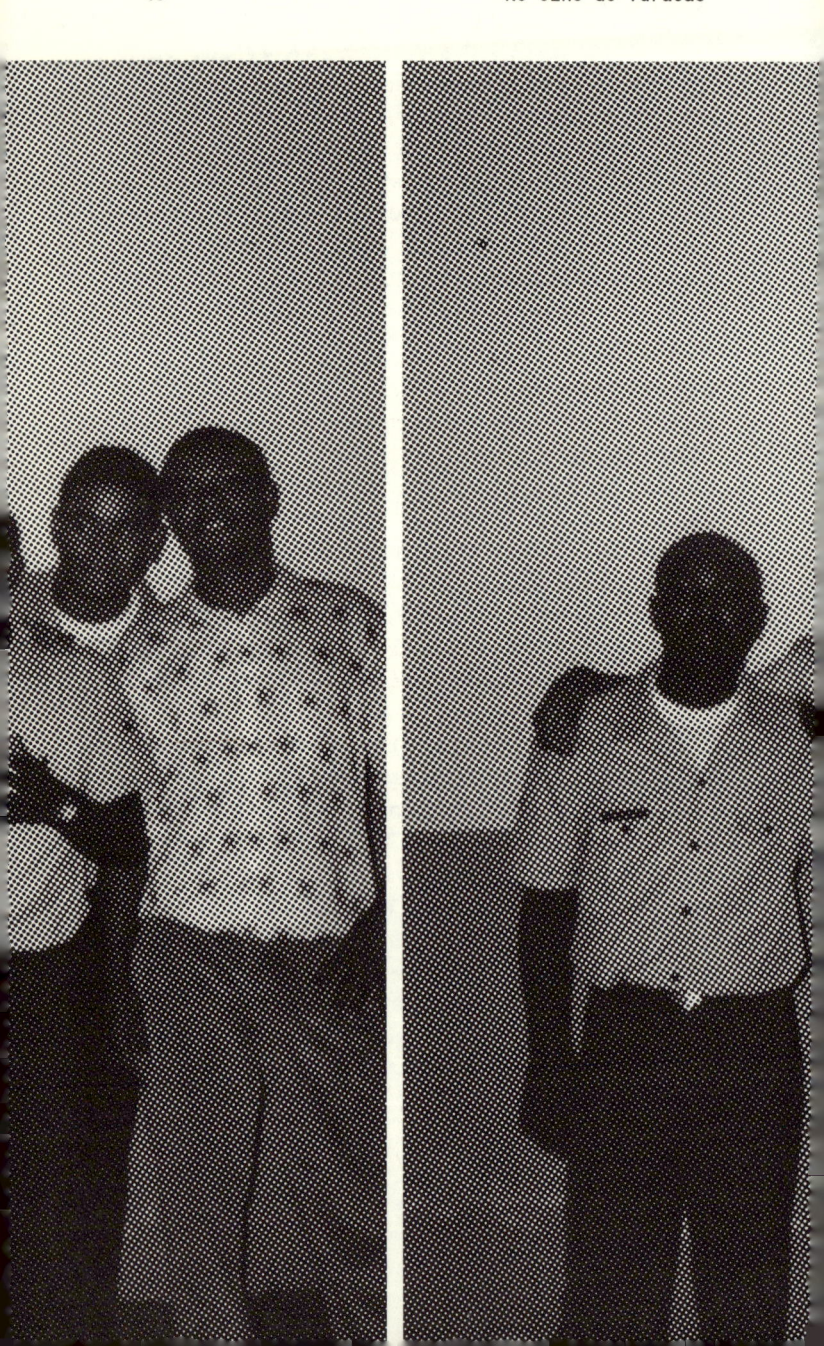

Ossos do ofício

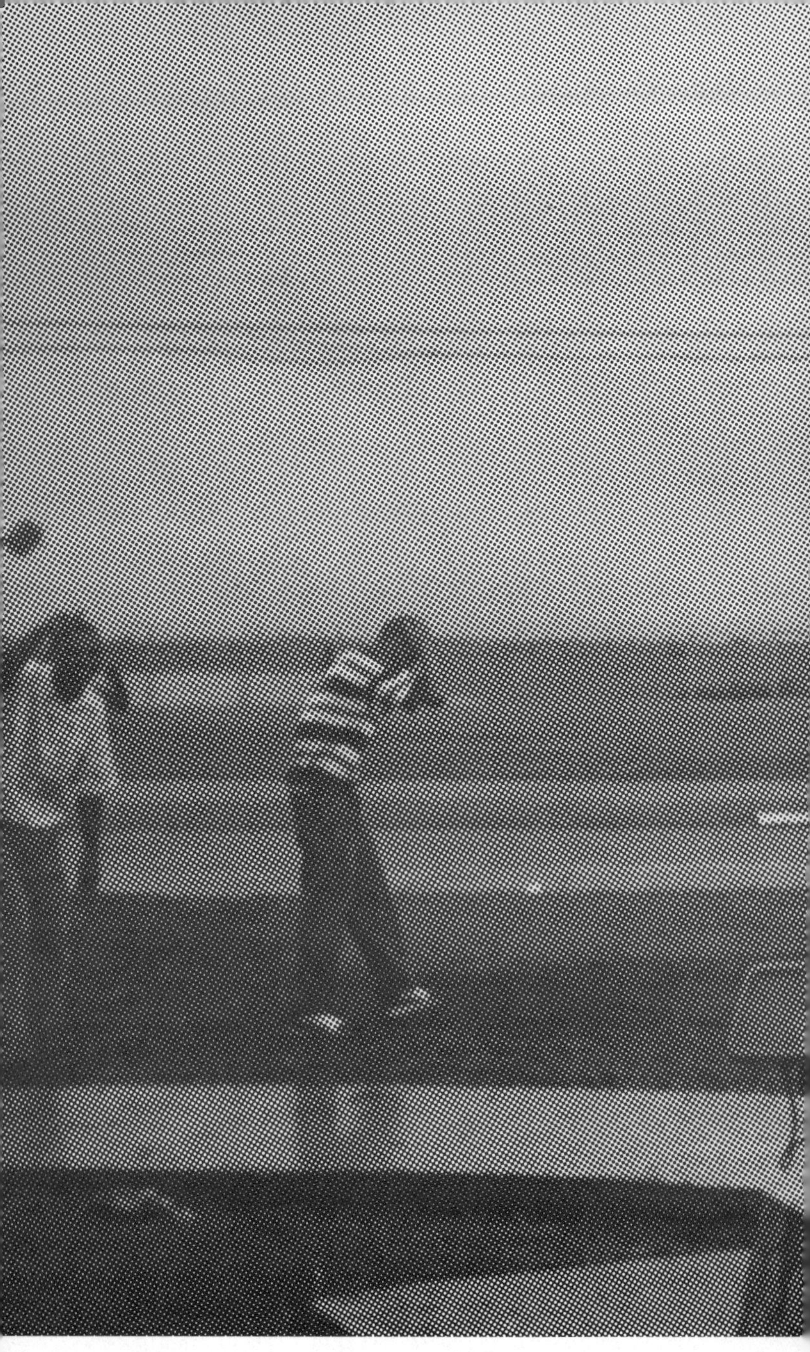

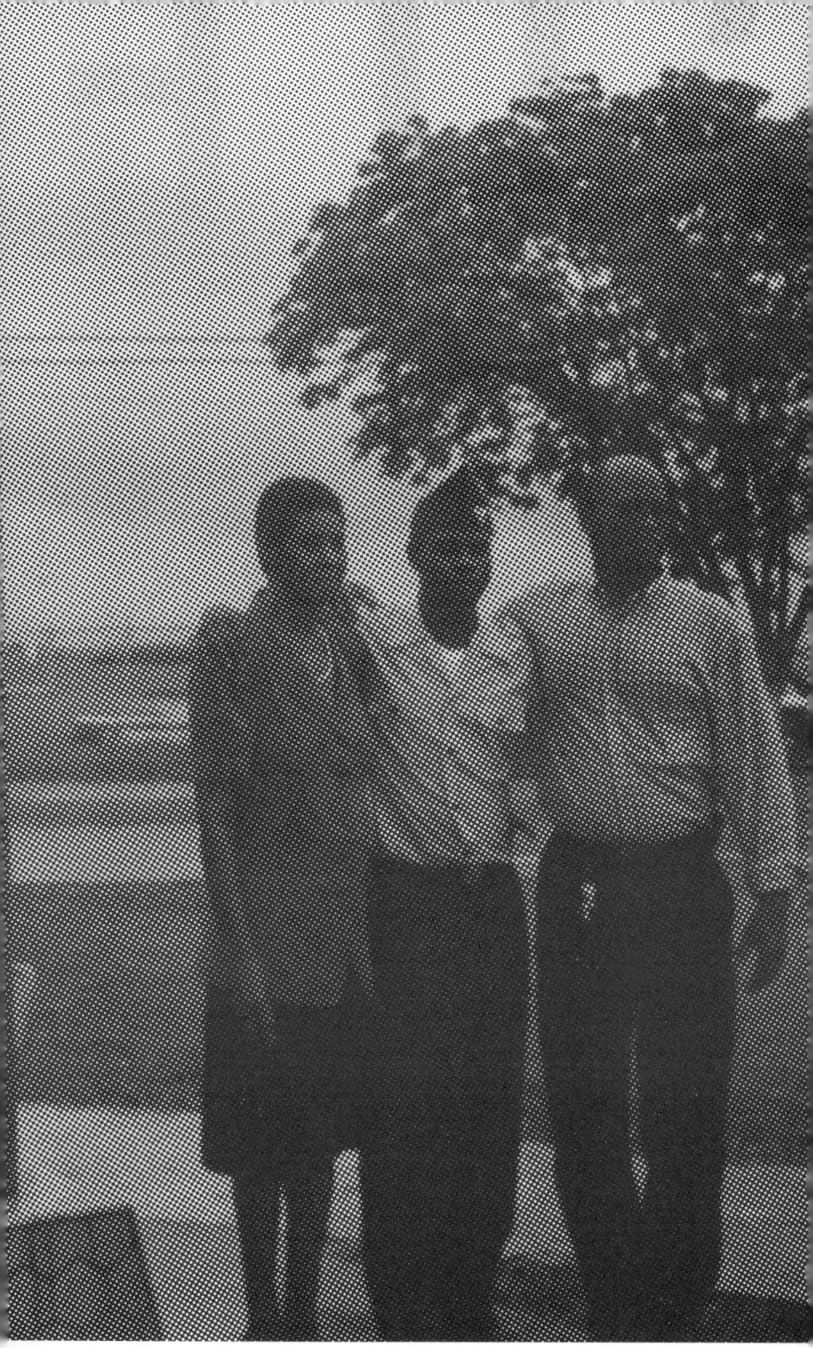

Cap.02
Cufa Cidade de Deus

A CIDADE DE
EUS

A Cufa Cidade de Deus posso dizer: é a minha casa. Quer saber onde estou, vá na rua José de Arimatéia, 90, Cidade de Deus. A Cufa Cidade de Deus, além de uma base social, é, também, um polo artístico, cultural e esportivo.

Missão impossível

O Bill estava na Praça do AP com o Felha e uma câmera. Eu estava na base junto a uma multidão de jornalistas. A Cidade de Deus parecia desconfiar do que aconteceria por ali em alguns instantes.

Eu tinha a impressão de que havia vazado alguma informação, ainda que falsa, porque já se concentrava um número considerável de transeuntes. Uma produção com muitas pessoas é sempre um risco, mas, no fundo, a confiança em minha equipe me fazia ter vergonha daquele pensamento. O número de pessoas aumentava, no entanto eu queria acreditar que depois que a Cufa chegou ali, algumas coisas mudaram. Entre as coisas que mudaram estava a presença constante de pessoas de grande prestígio social, sobretudo artistas, não é difícil esbarrar com Cacá Diegues, Caetano Veloso, Luciano

Huck por ali, nas redondezas. A Cidade de Deus passou a se acostumar com esse tipo de visita, no entanto, o que chamava a atenção das pessoas era a quantidade de jornalistas posicionados de forma estratégica em frente à base da Cufa e com o passar dos minutos até eu, que sabia de tudo, fiquei achando que me enganaram, ou que teria algo além do que eu sabia.

Dentro do teatro havia alguns convidados, alguns alunos que apresentariam uma peça e outros que fariam uma apresentação de basquete de rua com o Pedro Ivo (Angolano). A base estava de prontidão, por assim dizer. Eu e o Felha mantínhamos contato todo o tempo, o Felha também montou seu esquema de gravação, duas motos, três carros e cinco bicicletas. Lá no AP era ele quem dava as cartas, porque ele era o único com equipamento de filmagem e trabalha com isso, como um jogador de futebol que tem sua chuteira em mãos. Com o atraso, ganhamos um número considerável de pessoas que não estavam em nossos planos e começamos a mudar a estratégia para a chegada. Passamos um rádio para o Bill e falamos: "Irmão, vamos mudar a estratégia, aqui está lotado", e o Bill tranquilamente respondeu: "Ele já chegou, estamos aqui em casa trocando uma ideia e já estamos indo." Essa informação parecia ter sido ouvida pela multidão que se amontoava mais e mais. A essa altura do campeonato o estádio estava lotado, parecia final de Copa do Mundo. Nossa segurança era a própria comunidade, nossa plateia mesclava entre secretário de Cultura, artistas, jornalistas, comunidade, e a Cufa. Insisti que a chegada fosse uma surpresa, mas era como se eu falasse isso para ninguém, e até eu mesmo estava convencido de que seria péssimo se eles viessem escondidos. Por fim veio o toque:

— Mano, estamos saindo daqui! — disse o Felha com aquele sotaque da favela com ar de quem está me colocando na cara do gol.

Não respondi nada, a bola vinha cheia de efeito na minha direção, ia começar a partida, de fato. Tinha alguns segundos pra decidir se batia de prima, bate-pronto ou dominava e tocava para alguém. Matei no peito, driblei um jornalista e toquei rasteirinha para o Celso, que me olhou com ar de quem não quer dizer nada e saiu. Parecia que ele já sabia e conhecendo-o um pouco é obvio que ele já sabia.

Fiquei por um minuto parado, inerte, pensando em como seria a reação das pessoas e o que aquela visita traria de bom para a Cidade de Deus. Quando virei o rosto estavam os grafiteiros, alunos do Afa. Todos eles faziam grafite, a rua principal tomada de gente e um carro preto vinha na direção da base da Cufa. O carro era tão grande que nem vi a equipe do Felha no primeiro plano.

Foi como se o juiz tivesse apitado. Por alguns instantes, o estádio fez um silêncio mortal e logo em seguida gritou como um gol na final da Copa do Mundo! Não era pra menos, desceram do carro Ronaldo Fenômeno e MV Bill. Caminharam por uns 15 metros até entrar no prédio, como se tivessem com a bola um pouco na frente da grande área, vieram trocando passes, entraram com bola e tudo na base da Cufa na Cidade de Deus, e eu entrei junto com eles. Bill apresentou os trabalhos que eram feitos na base, mostrou o prédio até descermos para o auditório. Lá tínhamos mais algumas surpresas, como a Cia. Tumulto, que fez uma apresentação chamada "A Voz do Excluído". O Fenômeno observava tudo atentamente, recebeu um quadro grafitado e foi chamado para um desafio no palco que, apesar de ter topado, passou longe de vencer. Era uma apresentação do basquete de rua e o que ele fez foi ganhar um baita de um olé.

Bill, o anfitrião, falou da importância daquela visita e passou a palavra para o Fenômeno:

— Eu quero que vocês aproveitem bem este espaço.

O Fenômeno foi ovacionado pela plateia presente, e chamou no palco algumas crianças que receberam bolas autografadas por ele. Ali, na hora, entre as crianças, eu e meu filho. Ronaldo falou com os jornalistas, tirou fotos com as pessoas presentes, estava muito feliz. Eu estava mais aliviado naquele momento, pois tinha dado tudo certo. As coisas iam bem quando o assessor do Ronaldo fez sinal indicando que estava na hora de partir. Ronaldo fez cara de mais um pouco, mas logo depois resolveu sair. Fomos junto com os moradores que estavam fazendo a segurança dele em direção ao portão principal do prédio. Ao chegar lá nos deparamos com uma multidão enlouquecida que gritava seu nome, queria tocá-lo, beijá-lo, abraçá-lo. Eu e os seguranças trocamos olhares e decidimos por unanimidade recuar com ele para o interior do prédio. Pensamos, discutimos algumas estratégias e decidimos que iríamos por ali mesmo e que as pessoas não iriam exagerar nos cumprimentos ao Fenômeno. Fizemos um cordão de isolamento lá fora com alguns moradores selecionados na hora, e seguimos.

— Fizemos um bloqueio lá fora que vai até o seu carro.
— Tô tranquilo, tô com vocês. — disse Ronaldo.

Quando saímos do teatro nos demos conta da besteira que havíamos feito ao decidir que alguns moradores selecionados na hora poderiam dar conta, muito pelo contrário, eles eram fanáticos pelo Fenômeno e o queriam tanto quanto os outros fãs e só por isso aceitaram. No meio do caminho tivemos de mudar o curso

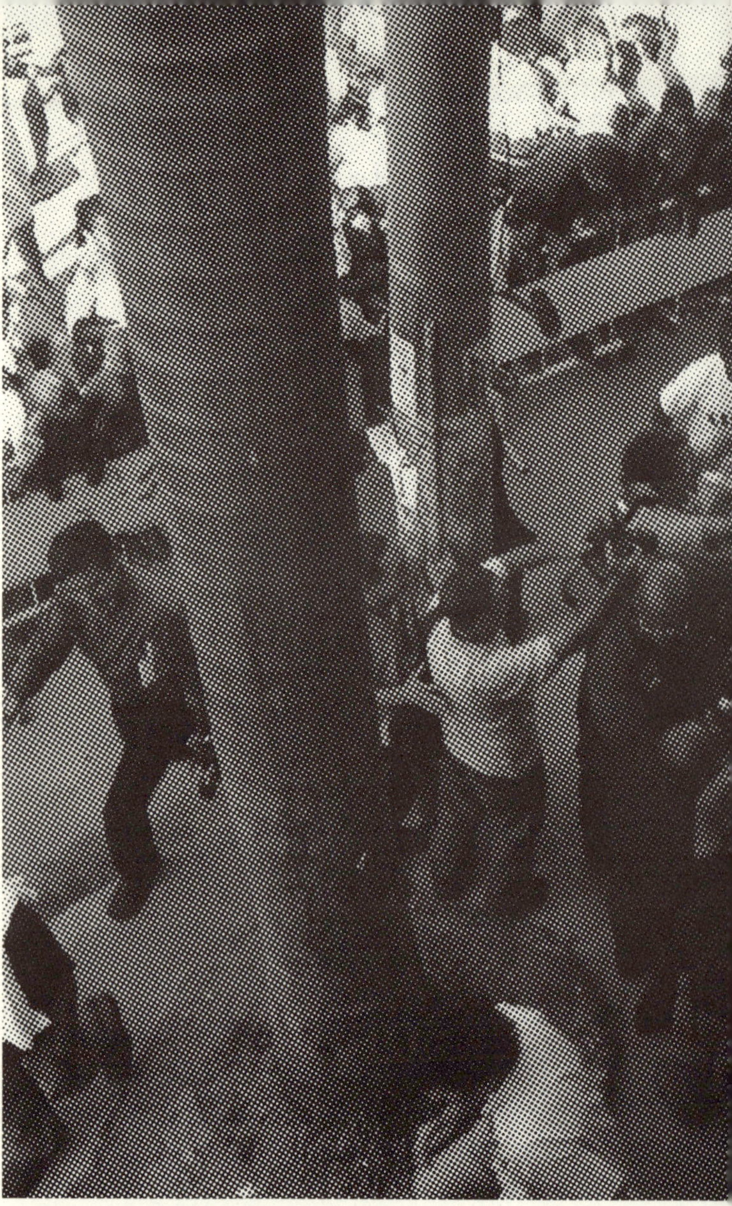

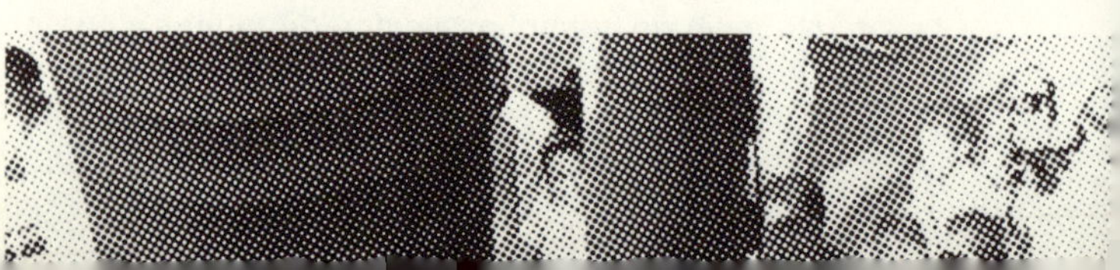

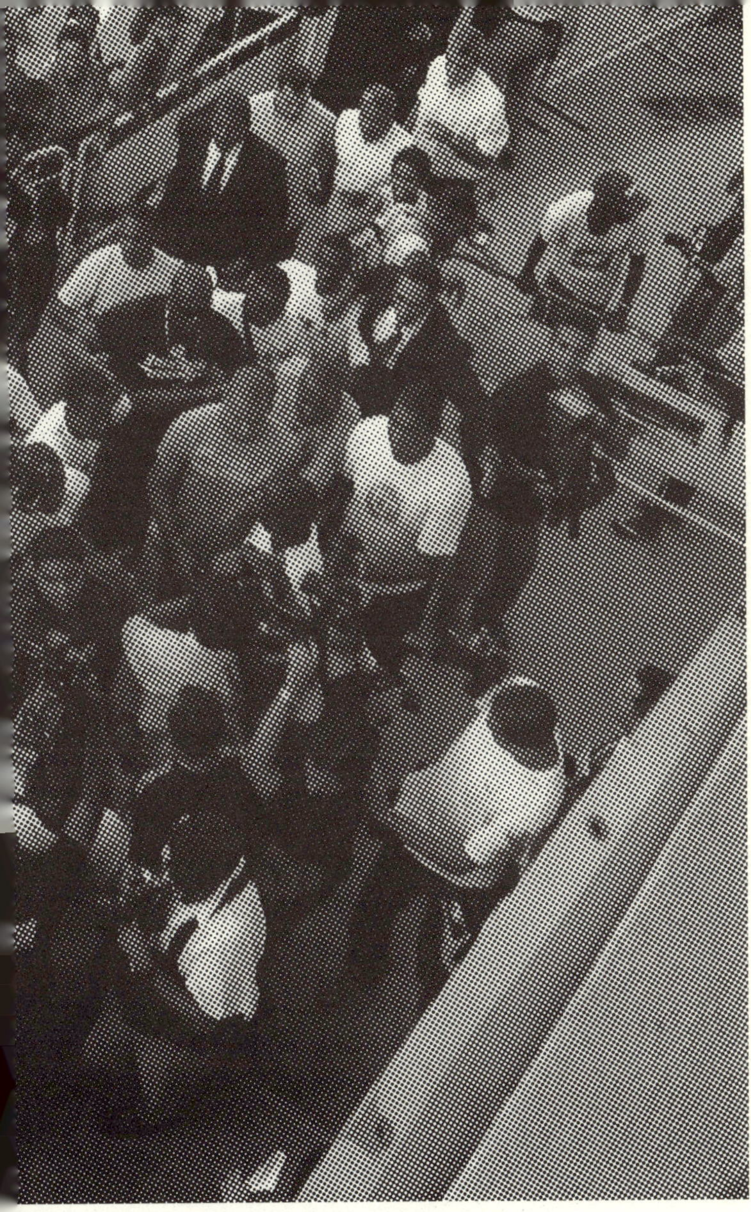

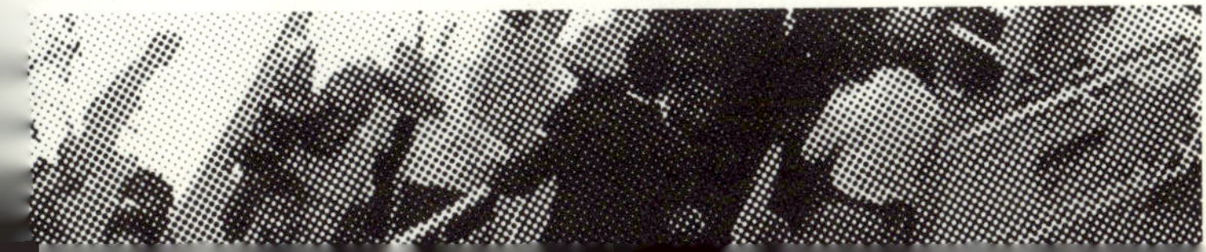

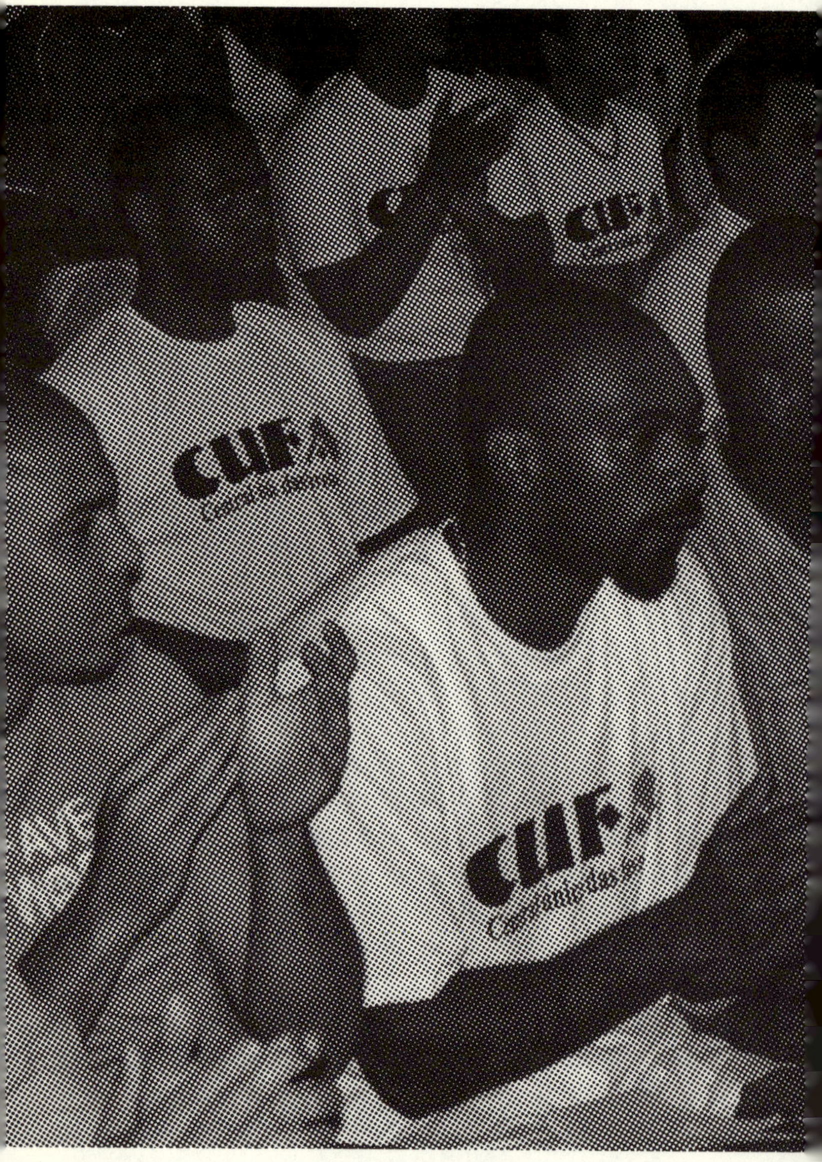
CUFA
CUFA

da história e voltar, pela segunda vez, para o interior do teatro. Por um instante saí de perto do Ronaldo e dos meus companheiros que tentavam sair com ele, subi para o segundo andar do prédio para ver se eu relaxava um pouco daquela tensão e tinha alguma ideia útil para resolvermos aquele problema. Quando cheguei ao segundo andar e vi pela janela a multidão que o aguardava eu pensei: "Vamos ter de chamar o corpo de bombeiros". As pessoas quando me viram da janela começaram a gritar e a dizer coisas do tipo: "Pede pra ele chegar daí e acenar pra gente."

Quando desci já era hora de mais uma vez tentarmos sair dali com ele, só que dessa vez decidimos não recuar mais, o carro ficaria na parte lateral do prédio e sairíamos pelo camarim esquerdo. Fizemos novamente um cordão de isolamento sendo que, dessa vez, o cordão tinha três pessoas que o acompanhariam até o carro. Sabíamos que se tratava de um exagero, ninguém ali faria mal a ele, era apenas uma questão de fanatismo, loucura ou sei lá o quê. Conseguimos chegar até o carro finalmente. O Fenômeno entrou no seu carro, e demorou mais alguns minutos para sair da frente do prédio, pois a multidão ainda cercava seu carro. O pessoal que estava dando apoio no cordão acompanhou o carro dele até a saída da favela e o Felha foi com ele dentro do carro fazendo a cobertura audiovisual. Fiquei no teatro, minha cabeça não parava de pensar nas palavras que o Ronaldo Fenômeno me disse naquele camarim.

Cufa CDD

A Cufa chegou e a partir de sua chegada vieram também cursos e outras atividades, como o lançamento do livro "Cabeça de Porco", acompanhado de um debate com Luiz Eduardo Soares, MV Bill e Elza Ibrahim; o lançamento do livro "Falcão, Meninos do Tráfico", com mesa formada por Guti Fraga e MV Bill como debatedores e eu como mediador; sala de leitura; curso de informática; oficinas para jovens e adultos de todas as idades. O teatro passou a se apresentar com frequência no espaço, tanto o grupo residente, já com outro nome, a Cia. Tumulto, quanto espetáculos convidados pelo grupo: "Cordélia Brasil", com Maria Padilha, "Descoberta das Américas", com Julio Adrião, "Acorda Amanda", com Guida Viana. Fizemos também o lançamento de filmes como "O Maior Amor do Mundo", de Cacá Diegues, que foi projetado pela primeira vez lá; muitas apresentações com convidados, Stepan Nercessian em "As desgraças de uma Criança", Mariana Ximenes em "A deliciosa boca do Inferno", o cantor D´Black em "Senhorita Julia", e outros parceiros que vêm ministrar aulas e assistir aos espetáculos. Talvez muitos que moram na CDD não percebam o quanto uma coisa está ligada a outra, e ainda mais, que esses grandes eventos e essas intervenções políticas a favor da Cidade de Deus não fariam sentido sem um trabalho sólido de capacitação profissional e, também, de fabricação de pensamento no qual a cultura, o lazer, a arte e o esporte são apresentados para as pessoas da comunidade, além de juntarem pessoas de outros locais para aprenderem, discutirem temas relevantes e se expressarem, sobretudo.

Esse talvez seja o papel que a Cufa mais tenha desempenhado na Cidade de Deus: mais ligado à juventude, de permitir que a juventude se expresse por meio de sua própria voz, sua dança, sua câmera, seu ponto de vista, seu teatro, seus artigos. A Cufa, quando inaugurada na CDD, foi recebida com muita expectativa, sentimento este que cresce a cada curso que se inicia, a cada apresentação, a cada formatura. Muitas pessoas tiveram sua primeira formatura na Cufa e alguns projetos tiveram efeito dentro da própria comunidade. Certa vez fizemos um projeto de audiovisual no qual o público-alvo era jovem, estudante do ensino fundamental, e esses mesmos jovens fariam um produto final de interesse deles. Eles optaram por fazer um documentário sobre um rio que corta a Cidade de Deus, chamado Rio Grande. Este rio, em 1996, transbordou, inundou boa parte da Cidade de Deus e fez inúmeras vítimas. Achei importante ter a história desse rio reconstruída, pois eu mesmo nunca havia me interessado por ele e isso ajuda a contar a história da Cidade de Deus. As pessoas que vão para a Cufa e lá encontram a oportunidade de se expressarem não se intimidam e realmente se expressam. O teatro é uma grande ferramenta de transformação de jovens e adultos, assim como o grafite, o audiovisual, o break e outros vários cursos que as pessoas fazem: gastronomia, moda, modelismo, artesanato etc.

Os recursos são fundamentais, inclusive, sempre que precisamos parar uma atividade por falta de recurso é uma decisão sentida por todos e só tomada em último

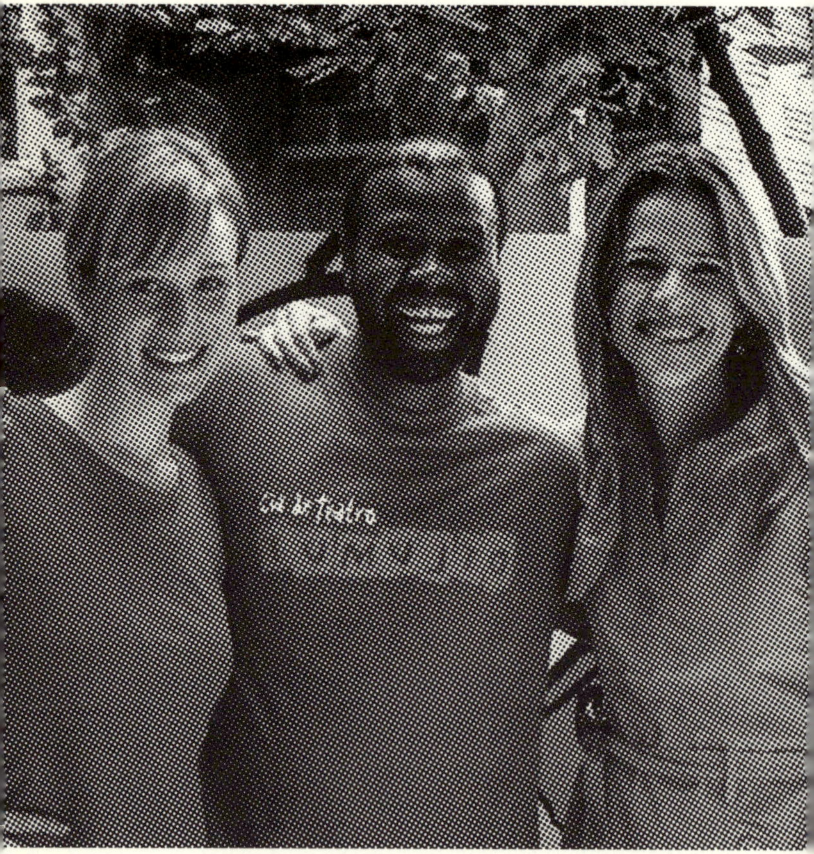

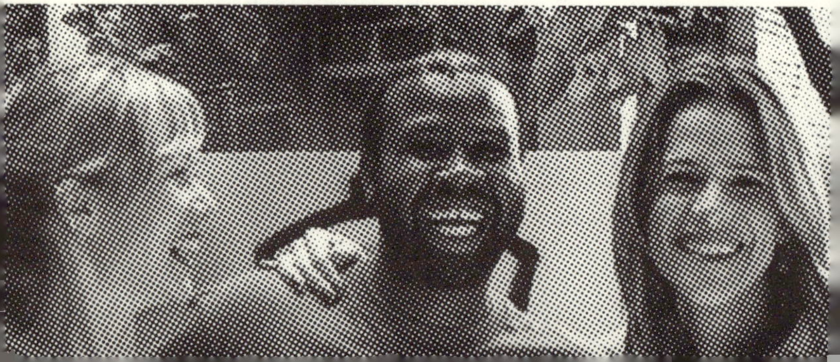

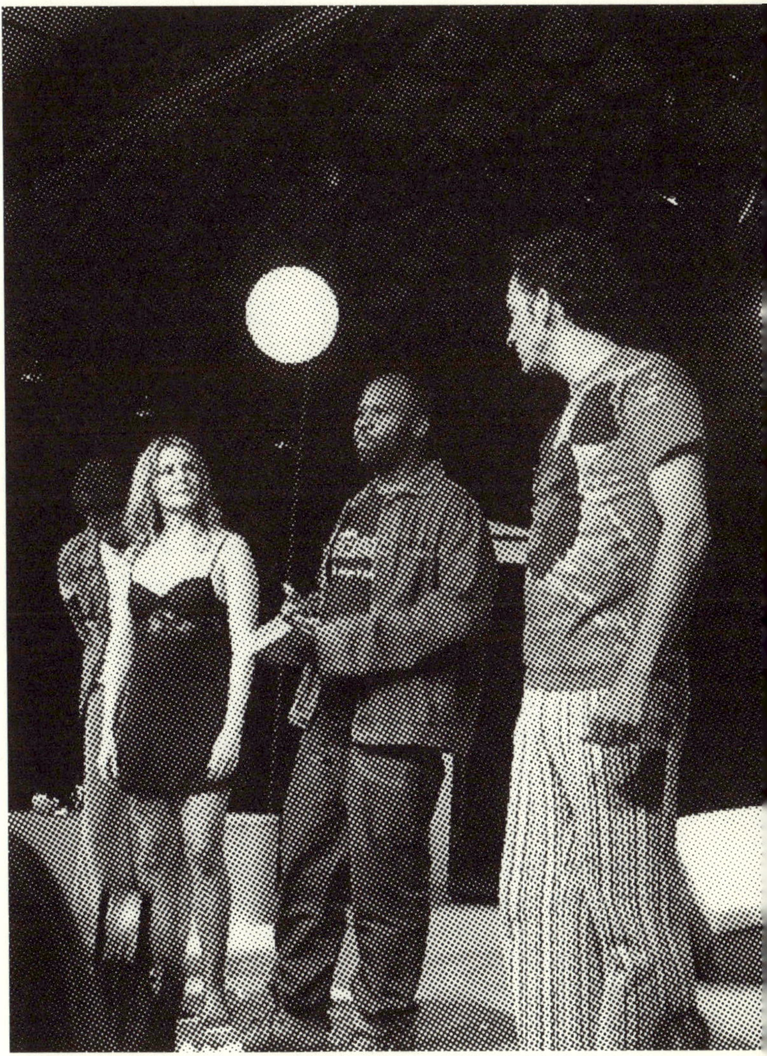

caso. Em diversas situações, por parte da direção da Cufa, tivemos a ousadia de assumir sozinhos um curso para que ele não viesse a findar, o que é muito ruim, porque o nosso trabalho não é para ser visto dessa forma. Não adianta sair do assistencialismo e cair na escravidão do projeto social. A gente se dedica, faz com amor, a nossa vida está ali, mas precisamos sobreviver, do contrário, nada será feito da forma como tem de ser feito e o nosso trabalho deixará de fazer sentido. Nossa utopia talvez seja ver as pessoas, por meio da sala de leitura, que é um espaço tão simples, terem suas vidas transformadas, mas não apenas pela sala de leitura, mas também por meio de atividades ligadas à tecnologia e ao empreendedorismo. Enfim, que as pessoas tenham a oportunidade de ter escolhas na vida.

Quando somos procurados na rua para perguntar o que tem na Cufa para seu filho ou irmão fazer, antes de responder falamos: "O que ele deseja fazer?". Essa conversa é sempre difícil porque as pessoas, às vezes, pensam que não queremos abrir vagas para seus filhos ou mesmo que queremos nos meter na educação deles, mas só queremos que as pessoas entendam que isso serve para todas as classes e cores e que não dá para almejar algo para o seu filho que não corresponde com o desejo dele. Para quem está à frente de um projeto, seja ele da dimensão que for, isso é mais gritante e mais difícil, porque as pessoas não conseguem se destacar quando estão infelizes. Nós optamos por não darmos receita de bolo a ninguém, somos uma instituição que surge da ligação com o hip-hop e, por isso, temos mantido a cultura do break, grafite, DJ, MC. Além desses, temos hoje mais de dez elementos que acreditamos serem fundamentais, e sempre que alguém entra em nosso site ou algum de nossos alunos sugere um curso, avaliamos e procuramos atender, na medida do possível, nunca nos fechamos. Dialogamos com as culturas, com os movimentos, com os governos e essa é uma de nossas principais ferramentas de transformação: o diálogo.

Nas eleições trazemos os candidatos para debater com a comunidade as suas propostas de governo. Essa é uma conquista importantíssima. As oficinas são tão importantes como os grandes eventos. Obviamente que fazer uma oficina de flauta para criança tem um impacto, já produzir o viradão esportivo tem outro, mas sabemos que nossos grandes eventos têm impacto direto nesse público cotidiano das oficinas, o que faz de nós membros de um exército sem fronteiras. O que nos interessa é o acesso das pessoas.

Nunca achamos que seria fácil a nossa luta.

Caça aos colunistas

A Cufa estava para inaugurar seu site e passou a missão de fotografar seus colunistas para mim, para o Nino e para o Felha. Combinamos o horário, fomos na casa do Celso e pegamos o carro que apelidamos de Zé Gotinha, um carro branco e pequeno. Tínhamos um roteiro a ser seguido e fui como guia, por conhecer a Cidade Maravilhosa como a palma da mão direita. Nino foi como motorista, recém-habilitado, e o Felha, como fotógrafo — ele é um dos melhores fotógrafos que conheço. Os bairros que constavam no mapa de transporte eram: Copacabana, Olaria, Tijuca e Santa Teresa. Marcamos a saída às 9h, era uma sexta-feira de feriado imprensado, e, por isso, naquele dia, eu não iria trabalhar e acompanharia meus melhores amigos naquela aventura. Marcamos às 7h na praça do AP, passamos na padaria e partimos da Cidade de Deus às 8h.

Eu, Nino e Felha entramos juntos na Cufa. Já tínhamos interesses em comum em relação ao tipo de ação para a qual a Cufa, a partir de seu surgimento, se tornaria uma referência. Além disso, tínhamos mais dois pontos que nos uniam: a Cidade de Deus e o Bill. Dos três, eu era o que mais tinha relação pessoal com o Bill. O Felha, por ser vizinho, tinha bastante contato também, e o Nino, como era muito meu amigo, íamos juntos a todos os shows do

Bill aqui no Rio, inclusive, em um no qual, simplesmente, perdemos a linha — não tem outro termo —, perdemos a linha. O ocorrido foi no palco Tia Ciata, na Praça Onze, centro da Cidade Maravilhosa, ao lado da Apoteose, a famosa passarela do samba. O show era em comemoração ao feriado do Zumbi, e o Bill fez mais um de seus shows memoráveis. No palco da Tia Ciata, naquela noite de 20 de novembro, eu e Nino nos empolgamos tanto que, na hora da música "Soldado do Morro", invadimos o palco e começamos a pular e dançar como se estivéssemos em um show de rock, ou de reggae, sei lá. O Bill, simplesmente, tentava ignorar a nossa presença em cena e seguir com show, mas era um pouco difícil, principalmente, porque éramos dois, mas parecíamos vinte, e esta era uma manifestação para demonstrar nosso interesse pela obra do Bill, e foi a forma mais indelicada e sem noção de manifestar nossa emoção com o trabalho daquele que era nossa maior referência.

Portanto, mesmo enquanto eu, Nino e Felha éramos jovens, já tínhamos algumas coisas que nos uniam, e com o surgimento da Cufa fomos juntos para lá. Inicialmente eu e Felha, e logo depois, o Nino, mas quem permanecia mais tempo por lá, ao menos no início, era o Felha. Eu trabalhava de flanelinha na PUC, o Nino trabalhava na academia do Hotel Intercontinental, em São Conrado, e o Felha era estoquista de uma loja de sapatos, a Paquetá. Nossa vida era, basicamente, irmos ao trabalho, à escola e jogarmos bola, ocasião em que fazíamos parte do mesmo time, aliás, um timaço: eu, Edinho e Marquinho, no ataque, Tony, Neném e Dudu, no meio de campo, Rogério, de quarto zagueiro, Nino, estilo Mauro Silva no meio de campo, Felha na esquerda, Leco na direita e Thula de último homem. No gol, o Frank. Tínhamos no banco Lalau, Bil e mais uma pá de maluco bola, o técnico era o seu Zé. Quando anoitecia, eu e Nino

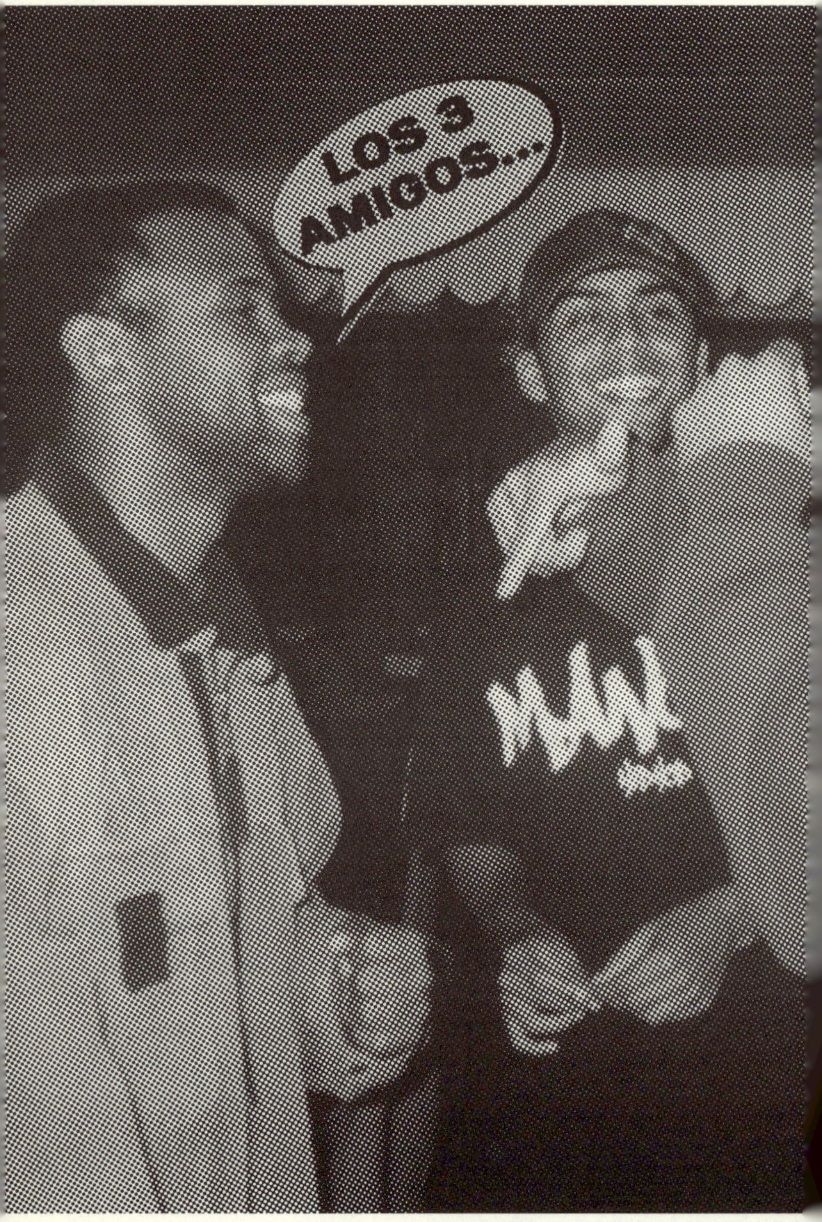
LOS 3
AMIGOS...

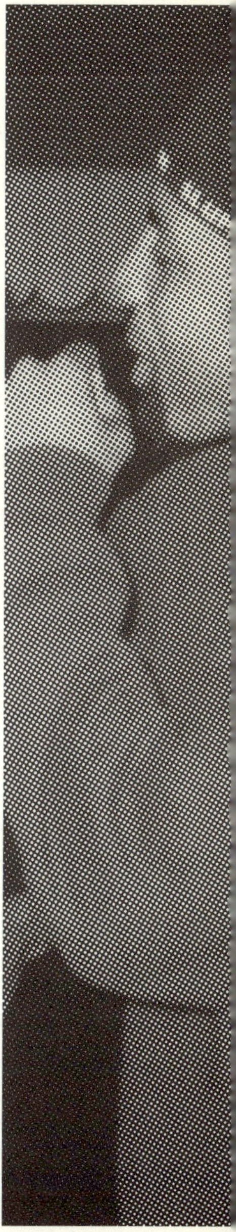

continuávamos no mesmo time e o Felha se recatava, junto com sua namorada.

Quando surgiu a Cufa, o Felha era, de nós, o que tinha maior disponibilidade de horário, já que as reuniões eram à noite e eu e Nino trabalhávamos, justamente, no horário da noite, então o Felha ficou, de certa forma, como nossa referência lá, chegando a se envolver mais a fundo em diversos projetos. O Felha era o mais metódico de nós, ele era metido a secretário geral dos grupos que participávamos, desde o teatro até a escola de samba. Lembro-me de uma das reuniões que fizemos, antes mesmo da Cufa existir, para alguns projetos que fazíamos na Cidade de Deus. Elaborei um texto, um manifesto, e o Felha ficou com o texto para corrigir eventuais erros de português e formatar, só que ele não concordava com algumas das coisas que escrevi no manifesto e, simplesmente, reescreveu o manifesto e me devolveu, com a cara mais lavada do mundo. Fiquei chateado, mas depois relaxei. Era assim que seguíamos, ali no AP da CDD, jovens com potencial, querendo fazer as coisas darem certo, mesmo não sabendo como, nos aventurando e não desistindo de acreditar nos sonhos.

A Cufa foi caminhando, e nós também. O Felha passou a integrar o núcleo de audiovisual da Cufa, aprendeu a filmar, a editar, e ficou lá, funcionando como uma equipe de um homem só. Nessa altura, mesmo contra a vontade da mãe, ele já tinha deixado a sapataria. O Nino foi o segundo a deixar o emprego, no Intercontinental, e a migrar para a Cufa e eu fui o último, anos depois ao deixar a PUC. Durante muito tempo, mesmo sendo todos da Cufa, mas de diferentes setores, perdemos a convivência, dentro e fora da Cufa. Nosso interesse passou a ser outro, mais individual, até que surgiu uma missão que nos reuniu: achar os colunistas em suas casas, e fotografá-los, para o site da Cufa. Para cumprir a missão, fizemos o seguinte percurso: saímos de Madureira, fomos para Copacabana, de lá partimos para Tijuca e, depois, para Santa Teresa para, por fim, irmos para Olaria, e de Olaria de volta para Madureira. Este roteiro não dependia do menor caminho entre os pontos, mas da disponibilidade dos colunistas. E lá fomos nós, entre um trajeto engarrafado e outro. Relembramos de vários assuntos e, por fim, pensamos em quais projetos poderíamos realizar juntos, já que o outro evento que nos unia, já fazia tempo, não proporcionava esses encontros.

Eu, Nino e Felha começamos juntos no teatro. O Nino foi o primeiro protagonista de uma de nossas peças, "MK", adaptação da música "Marquinho Cabeção", de MV Bill, e nosso primeiro registro foi feito pelo Felha. Além disso, o Felha ajudava na construção dos personagens e o Nino, além de atuar, ajudava no cenário, inclusive, em um dos que eu mais gosto, que foi o cenário da peça "O Caso do Mendigo", que adaptei da obra de Lima Barreto. Outro texto com que tive a honra de dividir o palco com o Nino, também adaptado de Lima Barreto, foi o chamado "Elogio à Morte" que adaptei como "A Morte em Branco e Preto". O Felha também atuava, ele participou de duas apresentações nossas no Criança Esperança e na célebre cena de "A Deusa de Malé", na qual eu fazia um transformista e eles eram os gogo boys. Não temos registro desse trabalho, graças ao Felha que teve a infeliz ideia de não deixar que o público filmasse ou fotografasse o espetáculo. Acho que por foi influência do Nino, que nos perturbou para não montarmos essa cena, mas ele mesmo, Nino, não participou. Nino não participava desses eventos, eu e Felha, por exemplo, participávamos do futebol das piranhas, o Nino, nem pensar, mesmo amando bater uma pelada.

O fato é que, graças a esse passeio pelo Rio de Janeiro, cuja intenção era simplesmente fotografar os colunistas Julio Cesar Tavares, Sandra Almada, Silvia Ramos e Ecio Salles, nos reaproximamos e demos início a dois maravilhosos projetos para o cinema. O primeiro, um documentário sobre o bloco carnavalesco Coroado de Jacarepaguá, o qual filmamos por quatro anos consecutivos e por meio do qual estreitamos relações com o bloco, e o documentário "Deny, tu não tá sozinho não", sobre o sambista Deni de Lima. Projetos muito importantes para nós, e devemos isso, principalmente, à Cufa.

Já estávamos exaustos de tanto pegar trânsito naqueles dias. Como disse, o Nino estava dirigindo e eu o guiando, no banco do carona, o que parecia uma formação que estava errada. O Nino tem cor de burro quando foge e eu sou o último tom de preto. O Nino com aquele cabelo pra cima, e eu calvo, de cabelo grande, parecendo o Bozo, e o Felha com aquele topete, mais parecendo o Elvis ou, até mesmo, o Itamar Franco. Era o Felha quem tinha de estar no volante, ou no carona. Enquanto íamos para Santa Teresa, em uma curva bem embaixo do viaduto Paulo de Frontin, saindo do Rio Comprido, indo em direção ao Largo do Estácio, uma blitz interrompeu nosso destino. Os PMs deram uma geral no carro, nos revistaram, conferiram os documentos do Nino, do carro, os meus, os do Felha, perguntaram três vezes para onde íamos, o que estávamos fazendo ali. Eles, simplesmente, não se conformavam com nossa postura educada, queriam arrumar confusão conosco, de qualquer jeito, e até por nosso cansaço, queríamos sair logo dali e continuar nossa caça aos colunistas.

Já tínhamos nos atrasado para as duas primeiras fotografias e a única coisa que o Celso tinha pedido era para que não nos atrasássemos — o Celso é uma das pessoas mais pontuais que conheço, ele é como Shakespeare, três horas antes, mas nunca três minutos depois —, só que nós tínhamos chegado atrasados no primeiro, perdemos o segundo por conta do atraso do primeiro e não podíamos perder o terceiro por conta dos atrasos anteriores. Se perdêssemos, perderíamos a confiança e nosso trabalho ganharia status de molecagem, e, para isso, não estávamos dispostos. Parece que lemos uns nos olhos dos outros e demos, nós, uma dura nos PMs. O Nino foi logo pedindo os documentos, o Felha foi entrando no carro e eu fiquei reclamando com o policial porque eles estavam, visivelmente, nos discriminando. Rapidamente eles nos liberaram e chegamos com esse assunto na casa da Silvia Ramos, que é uma pesquisadora que atua nesse campo. Na casa da Silvia falamos mais um bom tempo desse acontecimento e tiramos as fotos para, só depois, partimos para Olaria para fotografarmos o último colunista.

Quando chegamos lá, o endereço estava errado e ficamos dando voltas no mesmo lugar e passamos próximo ao batalhão de Olaria, onde tinha outra blitz. Só que, dessa vez, em vez de sermos parados pela blitz, fomos ao encontro da mesma, por sugestão do Felha, para perguntarmos pelo endereço. Quando coloquei a cabeça para fora do carro para perguntar onde era o endereço, o Nino arrancou com o carro, na frente dos policiais, gritando: "Achei!"

No olho do furacão

Juventude da Cufa

"A juventude da Cidade de Deus não me chamou para reclamar, mas para propor. Eu estou indo lá saber qual é a demanda deles, ouvir essa juventude e ajudar no que eu puder."
— Lula

— Lula, para você, qual o papel do jovem na sociedade?

Naquele momento, os trinta seguranças que estavam com ele o levaram, e ficamos eu e minha câmera, o Felha e a câmera dele, ambos, na lateral do hotel Windsor Barra, e a comitiva do presidente Luiz Inácio Lula da Silva partiu. Estava eu ali, mais uma vez, no olho do furacão vendo os batedores partirem, os ministros partirem, e nós, eu e Felha, registrando aquele momento. Quando a última van estava partindo para a Cidade de Deus uma mão acenou fazendo um gesto para que entrássemos naquela condução, e subimos, apesar de termos um transporte. Contudo, ele não iria no meio da comitiva e perderíamos coisas importantes de serem captadas — afinal, não é todo dia que se tem a oportunidade de viver essa história. Quando me aproximei vi o ministro da Cultura, Gilberto Gil, e a mão que havia acenado para nós era de Flora Gil, sua esposa. Já entrei na van fazendo várias coisas ao mesmo tempo, gravando (aliás gravei muito chão e céu nesse dia porque a ordem era não desligar a câmera, ordem dada por mim mesmo, que era o diretor do filme) e agradecendo principalmente à Flora.

Pedi ao motorista coisas do tipo "Vai mais rápido", "Vai mais devagar", "Encosta aqui" ou "Encosta ali". Simplesmente ignorei o fato daquela van ser de um ministro, agi como se o transporte fosse da filmagem e segui até a Cidade de Deus nesse espírito.

Quando cruzei a placa que diz "Bem-vindo à Cidade de Deus", comecei a ser chamado pelos moradores da CDD como se eu fosse o próprio Lula, era uma histeria de Quack pra cá, Quack pra lá. Cheguei a ficar envaidecido por alguns instantes, foi engraçado até. Entrei na Mocidade Unida de Jacarepaguá e acompanhei o presidente até onde pude.

A Cidade de Deus nunca havia recepcionado um chefe de nação. Os moradores se reuniram no local onde seria feita a visita, pintaram e iluminaram, cena comum só em época de Carnaval. Eu filmei o máximo que pude. A vida é assim na favela. A esperança era de que, a partir dessa visita, a Cidade de Deus se transformaria radicalmente. Naquele dia a descrença contrastava com a euforia dos que queriam ver o Lula. A Cidade de Deus não estava partida, nem era de nenhum partido, naquele momento, o que importava para todos era o Lula pisar em nosso chão e anunciar melhorias para cá, mesmo que muitos não tivessem expectativa de melhorias. A quadra ficou pronta para receber o presidente em sete dias.

Quando chegou o dia do encontro, parecia um dia de festa para a comunidade, como Ano Novo, Natal, Carnaval, a favela estava toda animada. Como eu e Felha fomos cedo para o hotel onde o presidente estava hospedado, não acompanhamos a quadra enchendo e a emoção das pessoas. Quando voltei, me deparei com a quadra lotada e todos gritando "Lula!". A essa altura Lula estava reunido com sua comitiva no camarim da quadra de samba. Esse encontro não foi um encontro somente

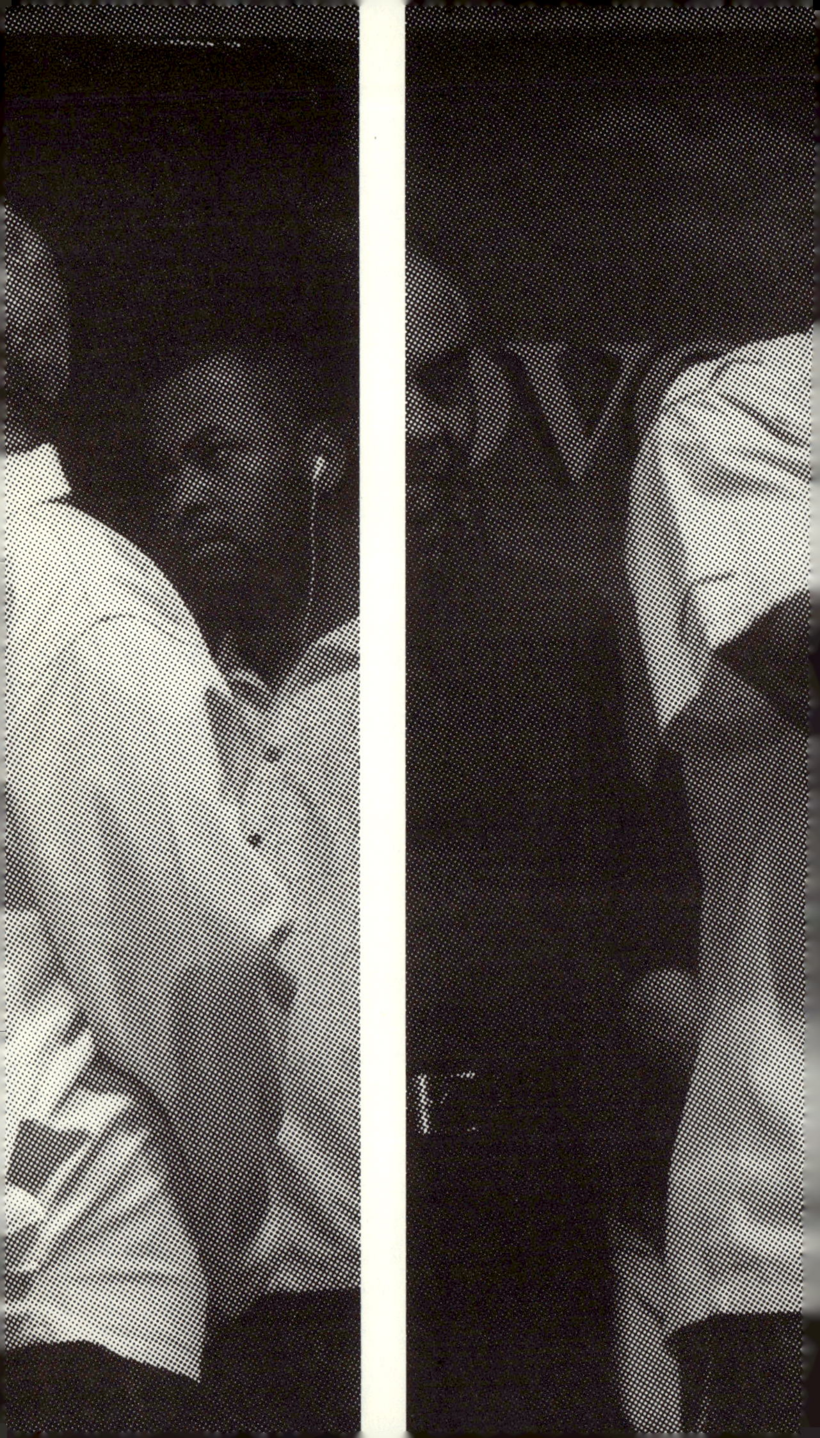

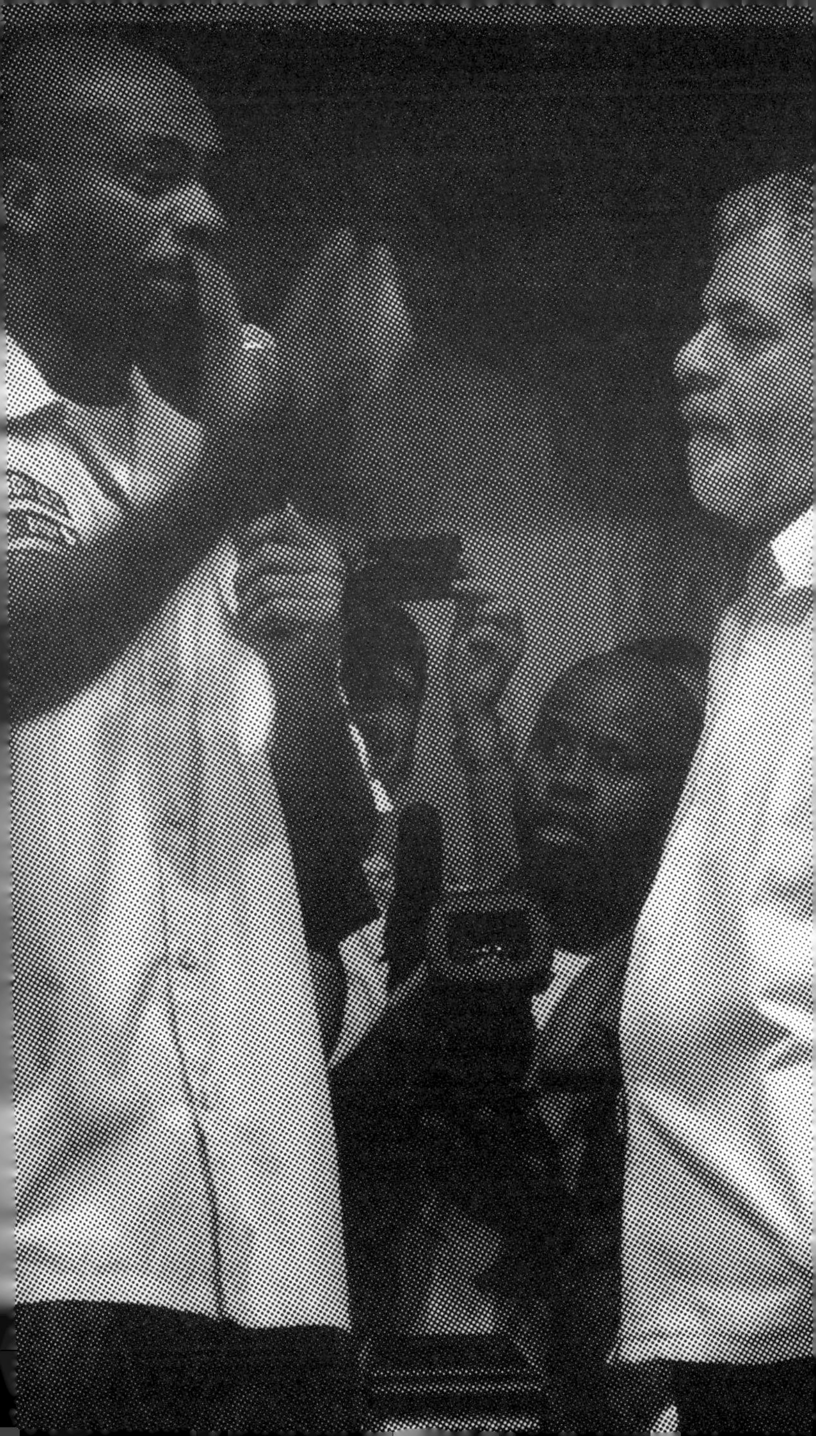

para a Cidade de Deus, mas, sobretudo, um encontro da juventude e da cultura. Além da comitiva do Lula, estavam também personalidades como: Dudu Nobre, Rômulo Costa, Toni Garrido, Zezé do Ceará, Rappin Hood, entre outros, afinal, não era um encontro dos cariocas, mas um encontro nacional e o Bill era o anfitrião. O Lula deve ter ficado 15 minutos no camarim, e eu já não aguentava mais de tanta emoção. Não por ser ou não lulista, mas de ver aquele povo, aquela gente, que nunca tivera a oportunidade de falar sequer com um vereador, a não ser em época de campanha, que não era o caso ali. Tudo isso me deixou em grande expectativa, sobre o que o presidente iria falar, sobre como as pessoas iriam se comportar perante sua fala. E eu também, como um jovem morador de favela e uma pessoa que produz cultura, tinha minhas questões a serem colocadas. Algumas elaborei na hora em que o entrevistava, mas foi muito rápido.

Eu fazia sinal para minha equipe, que estava no camarote da escola. Na verdade, tinha equipe minha por todo canto, quando ouvi uma multidão gritar o nome do Lula. Ele surgiu do camarim e desceu a escada caracol da Mocidade Unida de Jacarepaguá, a mesma escada pela qual vários artistas populares haviam descido. O Lula foi anunciado pelo Bill que, antes de passar o microfone, disse algumas palavras, mas, nesse momento, eu não conseguia mais prestar a atenção em nada a não ser em captar a imagem daqueles que estavam no palco.

Enquanto o Lula falava com aquele povo, me incluindo sempre na palavra povo, comecei a refletir sobre minha infância, sobre minha trajetória até ali e lembrei-me de meu tio Ademir. Esse tio viveu sua vida praticamente toda como cabo eleitoral. Mimi me ensinou quase tudo que sei sobre política, desde a estrutura dos partidos até a importância de conhecer o que seu candidato já fez ou qual sua plataforma política. Talvez eu seja o único da família que tenha dado importância às coisas que meu tio dizia. Se um dia eu for candidato, vai ser graças a essa semente que meu tio Ademir plantou, ele me ensinou sobre Abdias do Nascimento, Getúlio Vargas, Nelson Mandela, Leonel Brizola, Darcy Ribeiro, Martin Luther King Jr., entre muitas outras personalidades políticas, e ali, naquele momento, eu estava filmando e pensando nele, onde ele estaria na quadra, como era, para ele, viver aquele momento. Olhei para a plateia e comecei a chorar, não consegui segurar a emoção de ver a Cidade de Deus realizando um sonho. Muitas daquelas pessoas chegaram até o Lula e fotografaram, mas eu não consegui fazer com que meu tio chegasse a ele e isso me fazia chorar ainda mais. Quando o Lula terminou seu discurso, que durou pouco mais que quarenta e cinco minutos, ele fez questão de ir até a plateia. Após esses cumprimentos ele foi em direção ao carro presidencial, e eu e Felha tivemos mais uma oportunidade de perguntar pela última vez algo ao nosso presidente.

— O que você achou do evento? — disse Felha.
— A cidade de Deus está de parabéns. — respondeu Lula.

A porta do carro se fechou e eu e Felha corremos com nossas câmeras para o lado de fora da quadra para registrar a saída do presidente. Ficamos cerca de cinco minutos do lado de fora até retornarmos, reunirmos a nossa equipe e conversamos sobre a gravação. Agradeci a todos que estavam trabalhando conosco e pedi que a van levasse todos em casa. Despedi-me do Bill e fui em direção à saída, quando escutei uma voz: "Negão!" Era meu tio Ademir. Eu dei um sorriso e fiz cara de felicidade por estar com ele naquele momento. Ele veio muito preocupado, dizendo:

— Prestou atenção no que ele disse? É isso que eu te digo, a base de tudo é a educação, por isso que eu admiro esse trabalho que vocês fazem na Cufa. Eu concordo com o Lula, se os pobres não têm vez, eles nunca deixarão de ser pobres, e aí fica um monte de gente criticando Getúlio Vargas, mas foi ele quem assinou carteira, deu décimo terceiro, o brizolão, até porque Brizola sabia da importância da educação. O Abdias fez o teatro experimental do negro porque sabia que a cultura é capaz de resgatar, socializar e incluir...

Tio Ademir foi para casa mais patriota do que veio. Ele, agora, acredita mais na política do que antes. Hoje ele pode dizer que, praticamente, conversou com o Lula, que a Cidade de Deus havia tido uma oportunidade ímpar de reunir em sua terra tanta gente em prol de um Brasil melhor.

A juventude tem, talvez por natureza, o patriotismo, e a juventude da Cufa tem o pratriotismo de ser da Cufa, de ser favela, de ser do povo. Viva a juventude da Cufa! Viva a juventude da favela, do asfalto! Viva todas as juventudes!

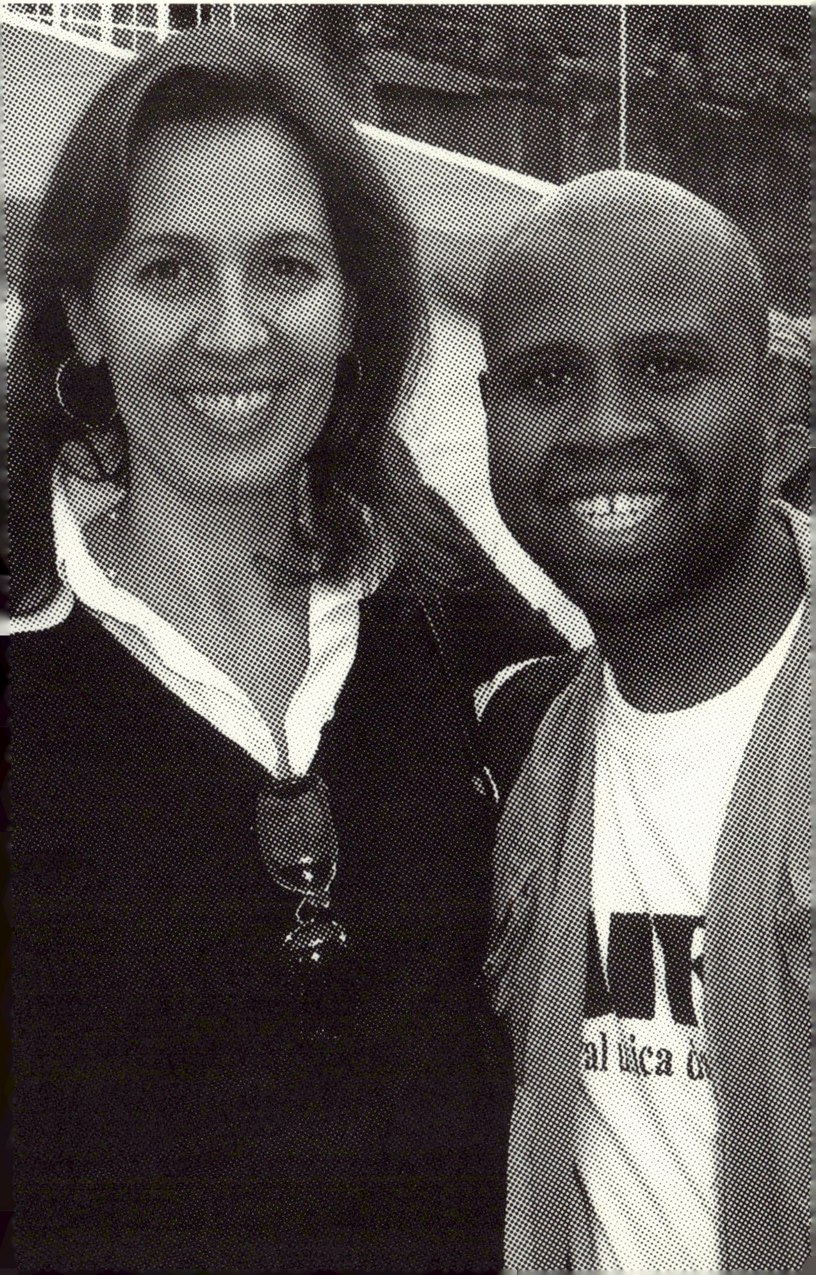

Elas no poder

MARINASUELIISABELROSAVANIACREUZANADIR
MARIAALICEMARIAGABAMELIAMARIADOSOCORRO
GISELLEADRIANAVITORIAMARILZAELLENFABIANA
PATRÍCIATEREZADULCINEIAGERUZACRISTINAFLAVIA
VANESSACLAUDIAWANDAMARCELAGABRIELALIZ
MANUVERONICANATARALIATAINACAROLINACAROL
ANABEATRIZSHEILALUIZAIZABELAROSERENATA
LILIANECAMILAKAMILAAMANDINHAKARLAANTONIA
REJANERAISSALEAMARIALULAFLORAPRETANESSA
GILCLARAANDREANEGAVIRGÍNIADIRCEALESSA
MARIANAMONICAJADPRISCISABRINAHELENA
AUGUSTAAFRODITKARINAMINIADNEIADAMIANA
MARCIAJESSICALUACLEIDENEIDECLOTILDEELAINE
CLONEGARAFAELACLEOVIVIANMATILDADINALEILA
TANINHADANIELANETEDANIRAQUELNANATATIGAL
LUCÉLIAVIDALISLAINEDIANARITAMERYLUGUIDA
PRISCILAFEJANISSEWALESCAALDAITEMINHA
ERNESTINARAMONATITAISANEUSÃOREBECAFIA.

Relação de poder é uma questão muito delicada para o ser humano. Vemos isso no machismo recorrente de alguns homens e na dificuldade que tem sido para as mulheres conquistarem seu lugar ao sol. Na Cufa isso nunca foi um problema. Convivemos, desde que a Cufa é Cufa, com "elas no poder".

Os nomes ao lado são de mulheres do passado, do presente e do futuro da Cufa. Essa é uma das convicções que tenho em relação à Cufa, de que as mulheres sempre estarão por aqui. A admiração que tenho por todas elas é enorme e transcende até a relação profissional, são jovens estudantes, mulheres maduras, mãe de filhos, avós e até adolescentes. E estão, literalmente, por toda parte, mas, sobretudo, no comando das ações.

Durante muito tempo a mulher foi vista como mãe, dona de casa e aquela que cuida do marido. Hoje, essa realidade vem se modificando. Isso ocorreu, também, em função da luta das mulheres por direitos iguais, direitos esses que vários homens insistem em fazer piadas, como "Na hora do peso ninguém quer direitos iguais". Eu reconheço algumas mulheres públicas de décadas passadas que tiveram papel importante nessa emancipação: Rosa Parks, Lelia Gonzales, Leila Diniz, Maria da Penha e tantas outras, que não se renderam e, com isso, colaboram com essa mudança. Cito, também, as mulheres anônimas, que têm feito sua parte dia a dia. Eu considero que essa luta, contudo, não deve ser apenas do movimento feminista, assim como a luta contra o racismo não deve ser somente dos pretos, e a luta contra a homofobia ser somente das lésbicas, dos gays, dos travestis, dos transexuais, mas, sim, de todos. A luta contra qualquer tipo de discriminação ou violência deve ser de todos, sempre. Cresci num ambiente propício à aceitação das diferenças. Meu pai sempre ajudou minha mãe a nos criar, sempre lavou louça, roupa, varreu casa e cozinhou, nunca houve essa barreira na minha casa. Na Cufa mulher nunca foi cota, nem muito menos o discurso "Ah, vamos dar essa oportunidade a elas". Até porque, ô lugar pra ter mulher braba a Cufa; se der mole, elas te engolem. Eu tive esse privilégio na Cufa, estar ao lado de pessoas inteligentes que contribuem para minha carreira. Na produção elas são as manda-chuvas; na coordenação das bases elas também estão lá, orientam os funcionários, os jovens que participam das nossas ações; nas reuniões elas são vozes ativas e necessárias, dão o que eu chamo de "equilíbrio na cena". Isso é muito bacana de pensar, na Cufa é difícil ter uma reunião onde os homens são maioria. Sou feliz por nós, da Cufa, entendermos a importância de tê-las ao nosso lado, sem discriminação, sem segregação, elas são o que são, em qualidades e defeitos.

No poder pode parecer uma provocação, mas é o meu olhar para o futuro. Não acredito que devemos viver em um separatismo, em uma política de justificativas, na qual, ao pôr uma mulher em cargo de destaque e poder, coloca-se uma placa "Aqui tem mulher no poder". Que as mulheres e os homens procurem ser felizes naquilo que sentem, enquanto seres humanos. Se querem ser líderes, que sejam; se querem ser operários, que sejam; executivos ou atletas, mas que busquem a felicidade e que isso seja recíproco. E para além disso: que a sociedade seja mais ponderada e que as mulheres possam, então, deixar de levar a culpa, por exemplo, quando o filho(a) vai mal na escola, quando o filho(a) se mete com drogas ou quando a filha engravida ou o filho engravida alguém precocemente. A culpa ainda recai muito sobre as mulheres quando, na verdade, além do filho(a) não ter sido feito só por elas, a responsabilidade deve ser dos dois. Também, no mercado profissional, as mulheres ainda estão se afirmando: buscam melhores salários ou simplesmente equiparação de salários para os mesmos cargos que os homens e, sobretudo, a particularidade da mulher negra que tanto sofre não apenas por ser o menor salário na pirâmide profissional, mas com toda a segregação que existe sobre ela. Por exemplo, a função de aeromoça é algo restrito ao universo branco feminino, em todo âmbito nacional são raríssimos os casos em que negras ocupem esse espaço, assim como, na televisão, e em tantas outras áreas onde as mulheres e, sobretudo, as mulheres negras ainda são bastante segregadas. Por isso insisto que a luta é de todos. Nunca podemos ver essa luta como apenas das mulheres, e nem acredito que só com "elas no poder" teremos um mundo melhor. Voto pelo equilíbrio e creio que todos nós vamos ganhar com isso, mas nesse momento eu saúdo aqui, em particular, todas as mulheres do mundo e em especial elas: as mulheres da Cufa.

VI

CU

AUDIOVISUAL

Cap.03
Audiovisual da Cufa

Alfabetização audiovisual

Eu tive dois encontros que foram decisivos no que diz respeito à minha carreira no audiovisual: um com Cacá Diegues e o outro com Julio Cesar Tavares. Ambos abordaram nas suas aulas o tema: alfabetização audiovisual. Eu coordenava o curso de audiovisual da Cufa, do período de abril de 2003 até final de 2006, e procurava dar aos alunos a estrutura necessária para que pudessem decidir suas carreiras de acordo com o que tinham aprendido. Cacá, nosso patrono, e Julinho, nosso padrinho, sucederam um a aula do outro. Cacá veio primeiro, na aula inaugural, e falou dos filminhos feitos por todo mundo e deu exemplos das milhares de imagens que estão sendo produzidas em todos os cantos do país e do mundo e chamou esse advento de "Alfabetização Audiovisual". Julinho veio em seguida e trouxe o mesmo tema, de uma forma mais acadêmica e com a energia que a aula do Julinho tem.

Esses dois caras mexeram completamente com a turma trazendo esse tema, e fizeram com que os alunos aproveitassem melhor as ferramentas do audiovisual disponíveis ali na Cufa. Só para lembrar que tanto um quanto o outro já haviam ministrado outras tantas palestras, antes mesmo do curso de audiovisual existir, curso que, inclusive, passou a existir a partir do interesse maior em uma dessas palestras. O curso funcionava no espaço do curso Somar que fica em Madureira, na Domingos Lopes. Eu comecei lá como aluno no primeiro ano, era muito bom, mas a gente não filmava, era muita teoria e eu até me identificava com a teoria, mas a maioria não. No ano seguinte, começamos a ter contato com a prática, mas eu já havia começado a estudar cinema paralelamente à Cufa. Fiz fotografia, roteiro, direção e produção fora da Cufa, então, de certa forma, avancei primeiro em algumas questões relacionadas ao audiovisual e, por isso, no ano seguinte fui convidado a ser monitor do curso, como já tinha sido no curso de roteiro, com Joaquim Assis e no de direção, com José Joffily. Fiquei de monitor e, para mim, estava sendo uma experiência ótima. Demos início às produções e, no fim do ano, Celso nos reuniu e disse que o curso era limitado do ponto de vista das várias profissões que se possa ter no audiovisual, então convocou um time de peso para, juntos, formatarmos o curso da Cufa. Fizemos uma longa reunião com o conselho do audiovisual da Cufa: Celso Athayde, Adriana Rattes, MV Bill, Mine Kart, Eu, Cacá Diegues, Nega Gizza, Ivana Bentes, Rafael Dragaud e outros membros. Nessa reunião definiu-se que o curso precisaria ser mais abrangente e, depois, os alunos buscariam suas especificidades, mas antes eles deveriam saber o que é audiovisual e quais são as possibilidades que o mercado oferece. Então montamos uma longa grade e demos início ao curso com aula inaugural de Cacá Diegues. Antes da aula do Cacá, o Celso se reuniu com a turma para dizer como seria o curso. Eu não estava, pois me casei exatamente no dia da aula inaugural e, no sábado anterior, estava ocupado nos preparativos do casamento, que se deu nesse mesmo período. Foi nesse momento que me tornei coordenador. Celso anunciou para os alunos a importância daqueles jovens se apropriarem do curso, do momento, dessa oportunidade em si e disse mais: que aquele curso era um curso onde eu era o coordenador e que professores fundadores da Cufa dariam aula.

A turma era bastante mista, na cor, na formação acadêmica, no interesse profissional de cada um, era uma diversidade e tanto. Eu voltei da lua de mel direto para a aula seguinte. A partir do meio do ano percebi que precisávamos praticar mais, as aulas eram ótimas, mas tínhamos de aquecer as turbinas. Marquei uma atividade prática com os alunos no ambiente de sala de aula e no entorno podia ir para a rua, mas ali próximo. As histórias tinham tema livre. Três grupos foram separados: um grupo fez o filme "A Carteira", uma ficção, o documentário "Dez anos do Plano Real" ficou para o outro grupo e o terceiro fez a comédia baseada em uma piada chamada "Papai Noel". Esse exercício motivou tanto que os alunos, a partir dali, só pensavam em filmar. No fim do ano estava produzindo a formatura junto com a Elza Ibrahim e com a Marcela Peçanha sem muito tempo para nada, e decidi que gravaríamos um curta para apresentar na formatura. Coube ao Felha a responsabilidade dessa gravação, que foi feita em 12 horas. Adaptaram o filmete de 1 minuto do "Papai Noel" para um curta de 6 minutos, colocaram os atores do curso para fazer papéis no filme, a exemplo do Fernando Barcelos, na ocasião, ator da Cia. dos Comuns e do Hernesto, estudante do Tablado e aluno da Sandra Almada, que é neto de Dona Xica Xavier e Seu Quele, que foi quem o indicou. Eles fizeram os papéis principais. Depois foram para edição e, de lá, para a formatura que aconteceu no Sesc, em Madureira, com direito a coquetel e a exibição do curta feito em 12 horas.

Os alunos colheram os frutos desse primeiro trabalho logo ali na formatura. Cacá anunciou que levaria o Fernando para atuar no próximo filme dele, "O Maior Amor do Mundo", e levou, também, 17 jovens da turma para estagiar no filme. Com o tempo, implementava questões que eu achava importantes ao curso, que agregariam valor ao curso. Fiz o cineclube do curso, o cine AZUMA, que quer dizer "às 13h". Fiz também daquela iniciativa dos alunos filmarem uma atividade constante, ou seja, sempre tinha filmes, com a divisão da turma em grupos. Sempre procurei fazer do curso um lugar onde se discutisse cultura e arte em geral e empenhava-me para trazer os melhores professores. Foi muito importante passar esse período dirigindo o audiovisual da Cufa, muito bom mesmo, fazer aquilo tudo durante a semana e todo sábado reencontrar todos aqueles jovens com aquela energia para estudar. Sentia-me realizado por aquelas aulas, era uma satisfação muito grande. O número de produções dos alunos foi aumentando, se profissionalizando e as coisas foram caminhando direitinho. Comecei a trabalhar com algumas cartas na manga, porque às vezes o professor desmarcava em cima da hora e para conseguir outro era difícil, então, eu mesmo tinha que entrar em ação e, em função disso, acabei adquirindo experiência em outras aéreas. Filmar para mim passou a ser primordial, então eu sempre dava um jeito de gravar algo. A relação com os professores era sempre muito boa, nunca tivemos problemas, além de termos discussões muito acaloradas. Lembro de uma com o documentarista Silvio Tendler, que chegaram a me chamar com receio de que a coisa pudesse tomar outro rumo. Eu nem me mexi, onde estava permaneci e disse: "Esperávamos por encontros como esse há muito tempo, o que os alunos estão fazendo é questionar, e o que o Silvio está fazendo é responder as questões, só que cada um com a sua pegada. Ambas as partes nunca faltaram com respeito, pelo contrário, professores que estão conosco até hoje e os alunos, também, de alguma forma. Exceto aqueles que infelizmente nos deixaram, como o caso do Ítalo."

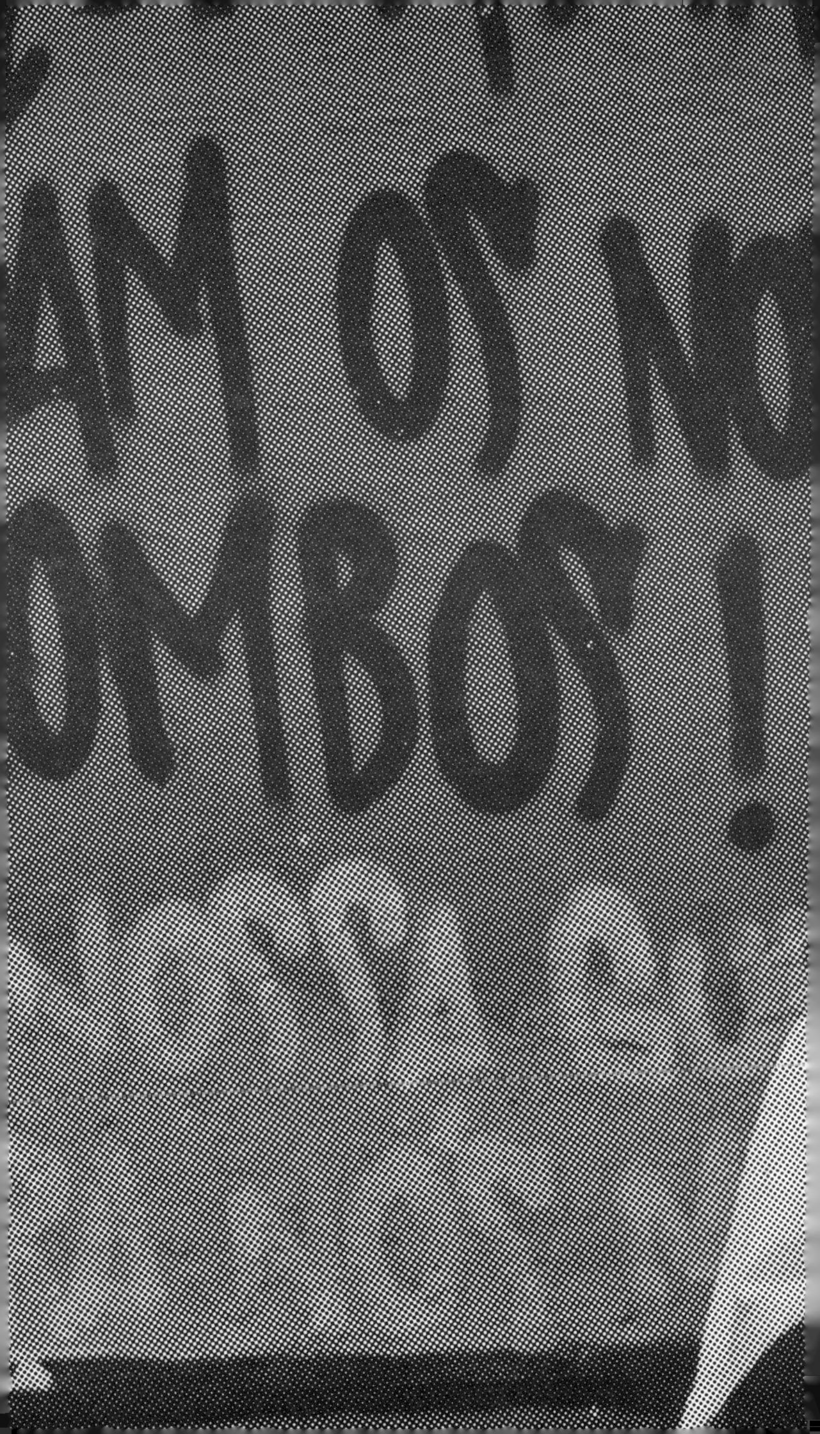
AMOS NO
OMBOS!

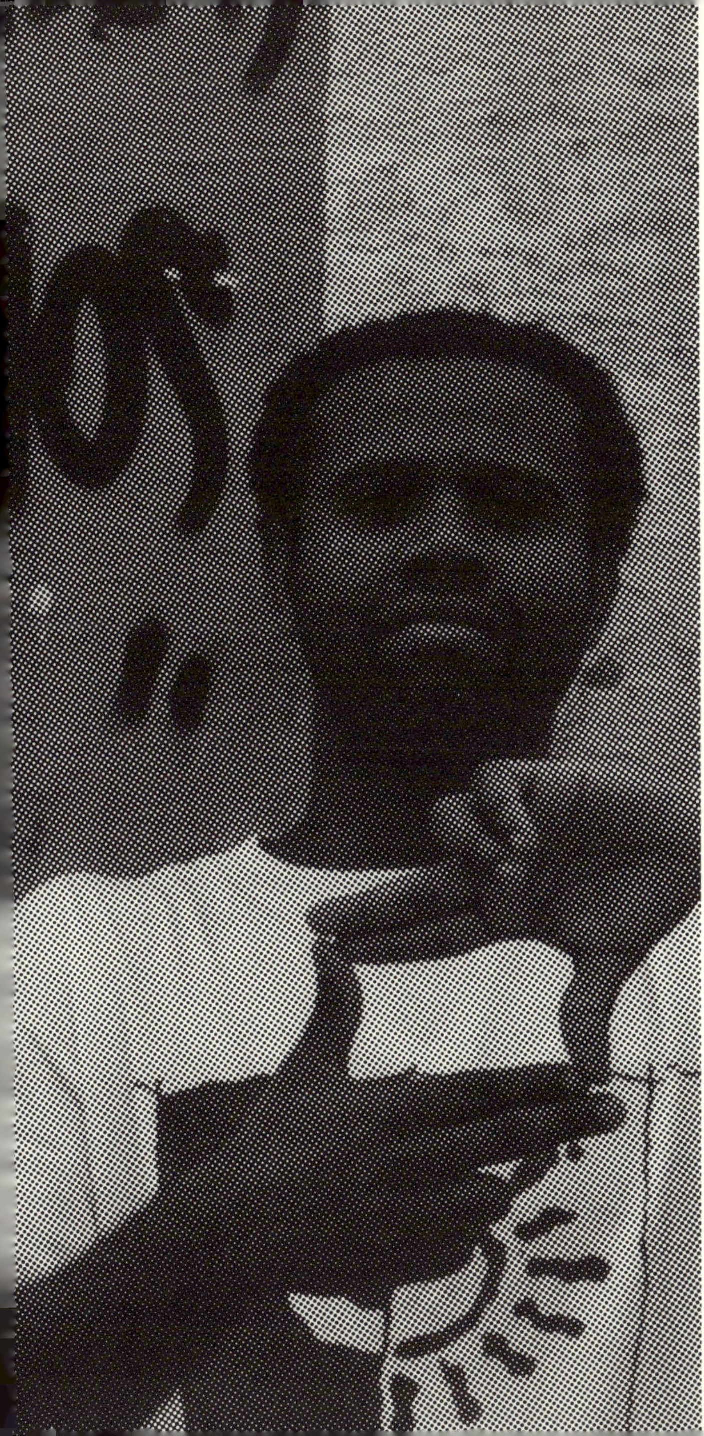

"Quack, o Ítalo morreu. " Não sei quem deu a informação, mas lembro que minha reação, na hora, foi chorar. Meia hora depois perguntei onde seria o enterro. Minha casa sempre foi uma extensão da Cufa, assim como minha família e amigos. O Ítalo, um dia antes de ser assassinado, estava no meu apartamento na CDD gravando seu primeiro curta-metragem, cujo título e argumento eram dele, chamado "O Fim do Mundo". O filme, ironicamente, falava sobre injustiça e ele mesmo foi mais uma vítima dessa violência que nos assola. Fui ao enterro e prestei minha última homenagem a esse amigo. Depois que você vira coordenador, acaba se envolvendo e participando com as pessoas, sonhando, rindo e chorando com elas. Hoje percebo que o curso foi nosso primeiro set de filmagem. O audiovisual da Cufa, para mim, teve vários começos, ou melhor, está tendo até hoje. Quando deixei de ser coordenador percebi que ali começava um novo início do audiovisual e ele, para mim, se renova a cada semestre, a cada produção, a cada festival, e isso é fundamental. A Cufa conseguiu, com seu audiovisual, promover uma transformação na vida de vários jovens, transformação essa que se deu em aspectos distintos: produção, formação, difusão.

A consciência do que estávamos fazendo veio bem depois de muito fazer. Lembro que no primeiro projeto em que eu estive à frente, na direção, foi um processo intenso no qual só percebi minha importância para o projeto bem no meio dele. Isso porque um amigo particular e músico da banda da qual eu dirigia o videoclipe me chamou a atenção com a seguinte frase: "Você é o diretor desse projeto, não por ser preto ou favelado, mas por ser bom." Éramos todos jovens adultos e essa é uma das grandes diferenças da nossa formação, não tínhamos a idade adequada. Mas qual é a idade adequada? Nesse princípio de formação a Cufa teve uma efervescência audiovisual muito produtiva, nos reuníamos para discutir um país melhor para todos, e nessas discussões o desenvolvimento dos nossos projetos sempre esteve em primeiro plano. Estávamos para lançar o CD "Efeito Cufa". Além do CD teríamos os videoclipes das músicas, e nessa altura já tínhamos tido as primeiras aulas de audiovisual. Das 22 músicas do CD, três clipes se concretizaram. Em um deles dirigi a música "Ataque Verbal" e acabei fazendo o ator da história também. Foi nessa ocasião que o DMC me disse a tal frase. Isso porque, na verdade, eu ia desistindo do projeto antes de terminá-lo, porque faltava fazer algumas coisas e por alguns desentendimentos também, mas o DMC me fez voltar atrás e aprendi uma grande lição aquele dia. Foi maravilhoso fazer o "Ataque Verbal", íamos muito para a Baixada, afinal, a banda era de lá. Filmamos, ou tentamos filmar, várias coisas para compor com imagem a genialidade da música, e, por fim, fechamos o clipe e iniciamos ali uma história de amizade duradoura.

SAÍRAM PARA O MUNDO

Thiago Conceição, Rafael Costa, Ulysses, Frederico, Rafaela Baia, entre outros, são alguns exemplos de pessoas com as quais convivi dentro do audiovisual da Cufa e que, hoje, atuam no mercado de cinema, TV, videoclipe etc.

O Thiago era um jovem pichador da Cidade de Deus. Entrou no curso pela janela. O curso já estava quase no meio, ele havia perdido a aula do Cacá Diegues sobre o processo de filmagem do longa "Deus é Brasileiro". Foi uma tarde de muito calor, o Cacá suava bastante e a aula parecia não terminar, nesse ano tinha uma turma de 75 alunos. Thiago perdeu, também, a aula da Ivana Bentes sobre o início do cinema com Georges Méliès e outras figuras importantes, além de outras aulas maravilhosas, como a do José Carlos Avelar. Lembro que, quando o

Thiago chegou, era aula do Hermano Vianna e ele passou um trabalho de casa para apresentarmos em uma possível volta dele, que depois se concretizou, ocasião essa em que foi cobrado o dever de casa, inclusive do Thiago, e todos haviam feito. Thiago é morador da Cidade de Deus. Seu pai, com quem tive o prazer de conviver, não está mais conosco, o finado Marião. Mario e Damiana criaram o Thiago e seu irmão mais velho, Rodrigo, com muito esforço. Eles vendiam ovo na praça da Cidade de Deus, e tinham outros trabalhos, também, mas para um jovem é um trabalho que as pessoas brincam muito, "Olha lá, ele vende ovo, o pai dele vende ovo", essas pilhas. Alguém, um dia que eu não lembro, me disse: "Quack, o Thiago quer fazer o curso de audiovisual." Escuto isso e me encho de orgulho. Sempre que um jovem vem até mim ou quando pede que alguém faça a intermediação, fico muito feliz. Quando o ex- pichador começou a frequentar a aula, comecei a observá-lo mais de perto, para tentar entender o que levou ele até ali. Na verdade o processo era o contrário de como foi com ele. A gente abre vagas para inscrição, marca uma entrevista e, nessa entrevista, descobrimos o porquê da pessoa, quem indicou, o que ela quer fazer ou pensa fazer.

Certa vez me aproximei do Thiago e perguntei a ele, francamente, o que ele esperava daquele curso e ele, um preto muito alto, magro e jovem, não chega a ser um preto carregado no tempero, mas é filho de preta nordestina com preto carioca. Quando abriu a boca e começou a falar eu, imediatamente, perdi a atenção no que ele estava falando, e ele, muito empolgado, continuava a falar e a falar, afinal ele tinha muitas pretensões no audiovisual. O curioso é que, apesar de eu não estar mais prestando atenção no que ele dizia, ficava olhando no olho dele e ele continuava a falar. Quando ele terminou eu disse:

"Rapaz, você é muito jovem, você tem certeza disso que está falando?" E ele, com voz de criança, ainda respondeu que sim. Então eu perguntei a ele se ele gostaria de estagiar na Cufa. Ele disse que sim. Quando o Thiago chegou no núcleo de audiovisual teve contato, pela primeira vez, com uma ilha de edição, uma câmera, que são, na verdade, equipamentos, e equipamento não forma ninguém; o que forma é o conjunto de aprendizados e experiências que passa, obviamente, pela teoria, pela prática e pelo conhecimento das coisas. Thiago estagiou na Cufa por alguns anos, aprendeu a editar, filmar, e, hoje, tem sua própria ilha e vive disso. Entrou para a faculdade e está tocando a vida. Ele é um dos milhares de exemplos que eu poderia dar de pessoas que, por meio do curso de audiovisual da Cufa, se estruturaram para encarar o mundo profissional sem temor. Porque sabem que têm de tocar a vida. O audiovisual da Cufa segue firme e forte. Ele tem o papel de formar, informar, teorizar, produzir, agregar e ser agregado.

C

Cap.04

Cap.04
CDD

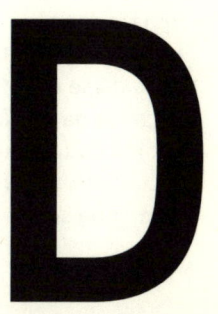

Eu, Nino e Deus na Cidade de Deus...

Era uma hora da manhã quando eu e Nino voltávamos do fliperama e seguíamos para nossas casas, de bicicleta. Naquela terça-feira de céu estrelado resolvi aceitar o convite do Nino, na verdade, aceitei um desafio, porque ele disse que me ganharia no Street Figther e no futebol. Era uma época de febre de Campeonato Brasileiro nos fliperamas. Eu e Nino sempre nos encontrávamos por volta de meia-noite, ou uma da manhã. Esse era o horário até o qual as mães das nossas namoradas permitiam que ficássemos em suas casas, salvo quando elas caíam em profundo sono e nós, fatalmente, permanecíamos lá por mais tempo. Quando chegamos no local marcado, começamos a conversar um pouco sobre nossas namoradas, falamos de sua beleza, da magreza da minha, dos cabelos longos da dele... Só havia uma máquina e como ela estava de costas para a rua lá se foi a primeira aposta da noite: quem acertasse qual era a máquina não pagaria as três fichas. Eu disse que seria a de luta e o Nino disse a de futebol. Eu perdi. O Nino é uma espécie de gênio da favela: é sempre bom estar perto dele. Esses gênios da favela funcionam naquelas horas em que sua faculdade não faz sentido, que seu dinheiro perde o valor, que seu poder não existe, seu carro, seu motão.

A gente se completava, eu precisava do gênio, e o Nino, de um cidadão do mundo, como ele me chamava. E nós dois precisávamos de Deus. Assim, formamos um trio: eu, Nino e Deus. O Nino sempre conseguia convites para os bailes, coisa que eu só conseguia por fazer parte das diretorias das instituições, das associações de moradores, da união comunitária. Desde cedo eu me metia a ajudar a comunidade, e o Nino era malandro, malandro mesmo, bom malandro. A Bíblia dele era o Bezerra da Silva! E, assim, ele ia... As meninas e a malandragem o respeitavam como um rei e ele era bom de pipa e de futebol. O cidadão do mundo ensinou-o a dirigir, apresentou a cidade a ele, pessoas importantes que, vira e mexe, precisamos, deu-lhe uma visão de mundo para além da favela e o levou para a Cufa.

Voltando para o fliper, para a primeira partida, o Nino ganhou de 5x0, usou o macete de levar a bola no fundo, cruzar e cabecear. E eu também estava distraído, falando do namoro que estava acabando e, apesar de gostar dela, havia coisas que não estavam certas no nosso romance e eu tinha apenas 17 anos. Era melhor aproveitar a vida a sofrer por um amor. Era uma época de muita confusão em minha cabeça, enfim, perdi, não porque eu jogava pouco, mas porque minha cabeça se ocupou de outros assuntos. Na segunda ficha ficamos no zero a zero, o jogo foi duro e eu perdi dois jogadores. Era uma forma de chegar a um placar menos vergonhoso. Nessa partida, foi a vez do Nino disparar a falar. Só não lembro do que ele falou, porque, dessa vez, eu estava concentrado em parar a jogada, aliás meu pulso doía de tanta força que eu fazia, e o Nino não, jogava como se em suas mãos tivesse uma antiga pena de escrever, uma leveza que qualquer bailarino, se visse, sentiria inveja. Na terceira partida o placar foi mentiroso, eu perdi de 8x2, porém, joguei muito mais que ele, sobretudo no primeiro tempo, que venci. Finalizada a partida fomos para o AP, onde morávamos, pedalando e conversando sobre o futuro.

Era por volta de duas horas da manhã quando, nas lojinhas, nos deparamos com o Cabo Hélio, codinome Rambinho. Ele e mais três PMs nos abordaram, não sei o porquê. Nesse momento, veio à minha cabeça uma trouxinha de maconha guardada em um vaso de planta que ficava na porta do meu apartamento. Aquela lembrança fez com que meu tico e teco parassem de funcionar, sempre fui eu aquele que desenrolava com os policiais quando ganhávamos dura, mas naquele dia travei, deixando para o Nino essa missão. Nós nunca usamos droga, mas, naquele dia, eu via a maconha na minha planta e pensava o quanto apanharíamos se eles nos levassem em casa e achassem aquilo. Se, sem nada, já é difícil explicar que somos inocentes, com uma trouxinha, nos transformaríamos o Nino, no Pablo Escobar e, eu, em Fernandinho Beira-Mar e Deus seria testemunha da tragédia. Enquanto eu pensava nessas coisas, o morador do quinto andar, do bloco 17, gritou para os policiais que nós éramos trabalhadores e, nesse momento, caí de volta em mim, só que era tarde demais. De onde eu peguei o papo do Nino com os "homi" não tinha muito retorno. O Nino tinha falado a verdade. Isso era uma coisa que sempre discutíamos, em qualquer circunstância, "fale a verdade". Eu só havia esquecido que, na favela, para a polícia, a nossa verdade é uma mentira bem contada. O Nino disse a mais pura verdade aos policiais, o que estávamos fazendo, para onde íamos, em que escola estudávamos e quando eu ia dizer uma mentira para escaparmos logo dali, o Nino soltou: "Meu tio, a gente é trabalhador, a gente está vindo da casa das mina, paramos no fliper e tamo indo pra casa." A essa altura, nada do que eu dissesse iria nos ajudar e Deus pedia para irmos indo porque a coisa ia piorar se não chegasse ali um viciado de verdade, com drogas, ou um vapor fosse encontrado, ou o dinheiro do arrego aparecesse, enfim, nada disso aconteceu. O PM, um soldado branco, de olhos verdes, alto e meio barrigudo, olhou para o Rambinho, que sentenciou com o olhar, e um outro PM, metido a bonzinho, disse que poderíamos ir, apontando para onde meu camelo estava. Eu fui, mesmo sabendo que não era a direção da minha casa e que isso poderia me complicar se eles me encontrassem novamente, mas, como já disse, nossa verdade, na favela, para os policiais, é lixo.

Ameacei pedalar e ganhei o maior pescoção da face da terra, catei cavaco fervorosamente. Qual era a explicação que ele teria para agredir um jovem de 17 anos, cheio de energia, estudando, trabalhando, jogando capoeira, participando de associação, procurando sair da miséria? Logo me aprumei e consegui dar as primeiras pedaladas, quando ouvi o Nino ganhar um pescoção que pareceu ainda mais forte que o meu. Só que com o gênio da favela é diferente: ele partiu para dentro dos polícias. Eu simplesmente não acreditei no que via e gritei: "Vamos Nino!", mas, a essa altura, ele já tinha dado uma voadora em um (voadora é quando se tira os dois pés do chão e os lança em direção ao opositor), uma pesada no outro (para dar uma pesada basta atirar um pé firme na direção de outro corpo) e pegou sua bicicleta, vindo na minha direção, que também não era a direção da casa dele, isso porque eu gritei muito: "Vem Nino, vem Nino", e o povo gritando da janela: "Eles são trabalhadores...". Não sei como terminou esse dia, não sei o que foi feito da maconha que estava na planta da minha porta, não sei como acalmei o Nino. Não lembro de me culpar por ter deixado o Nino desenrolar, só lembro que foi a primeira vez que um PM me bateu.

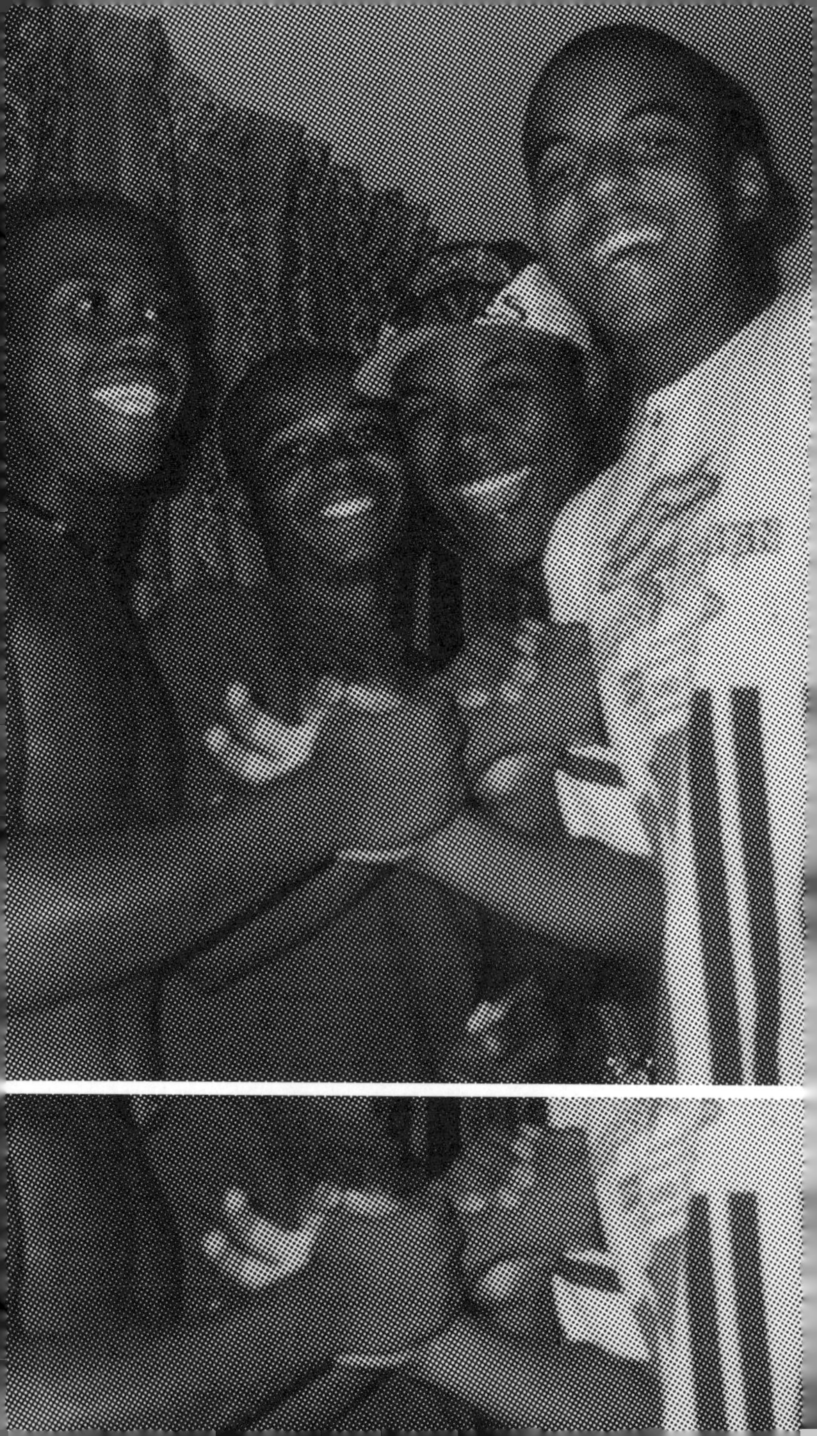

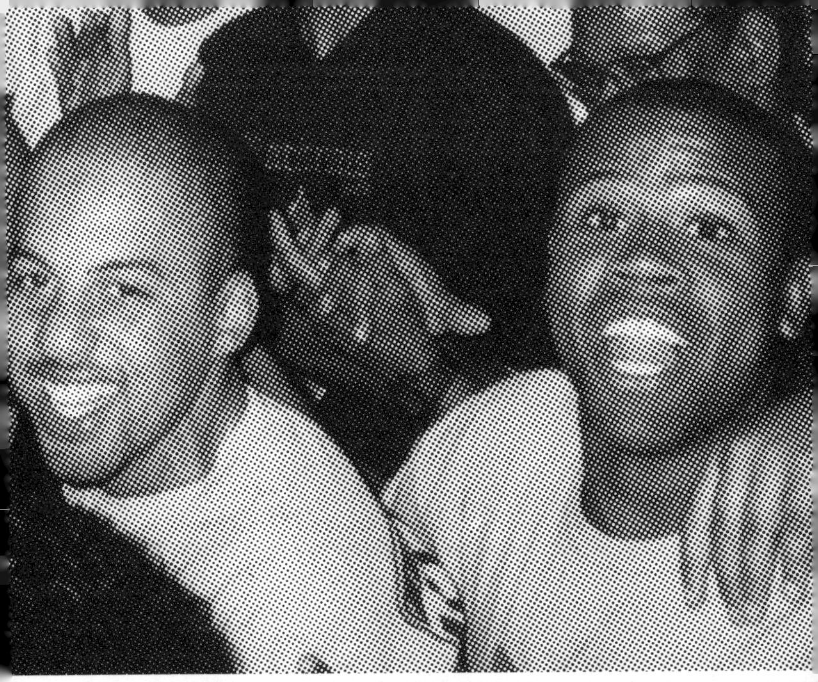

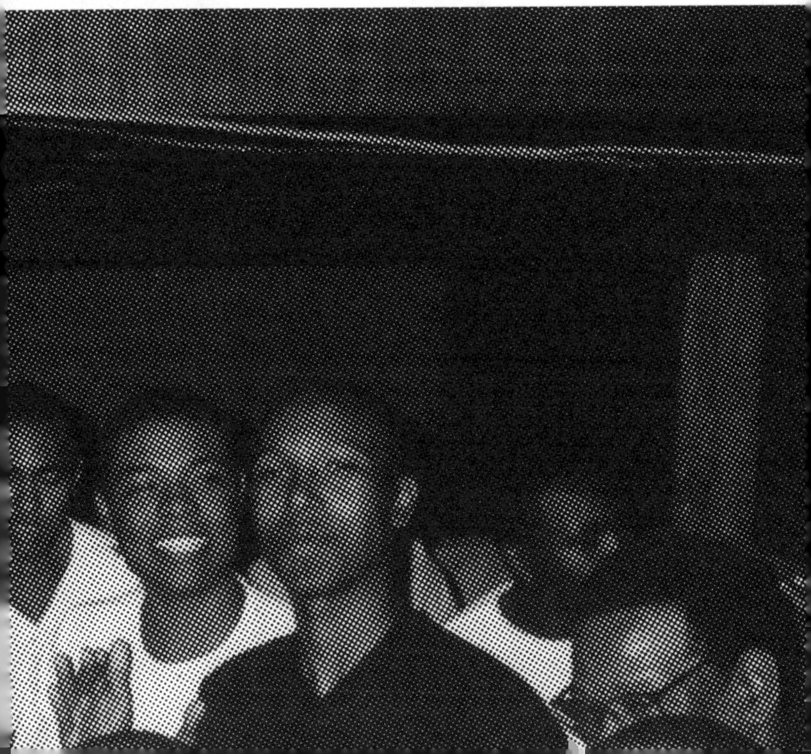

Rio de Janeiro

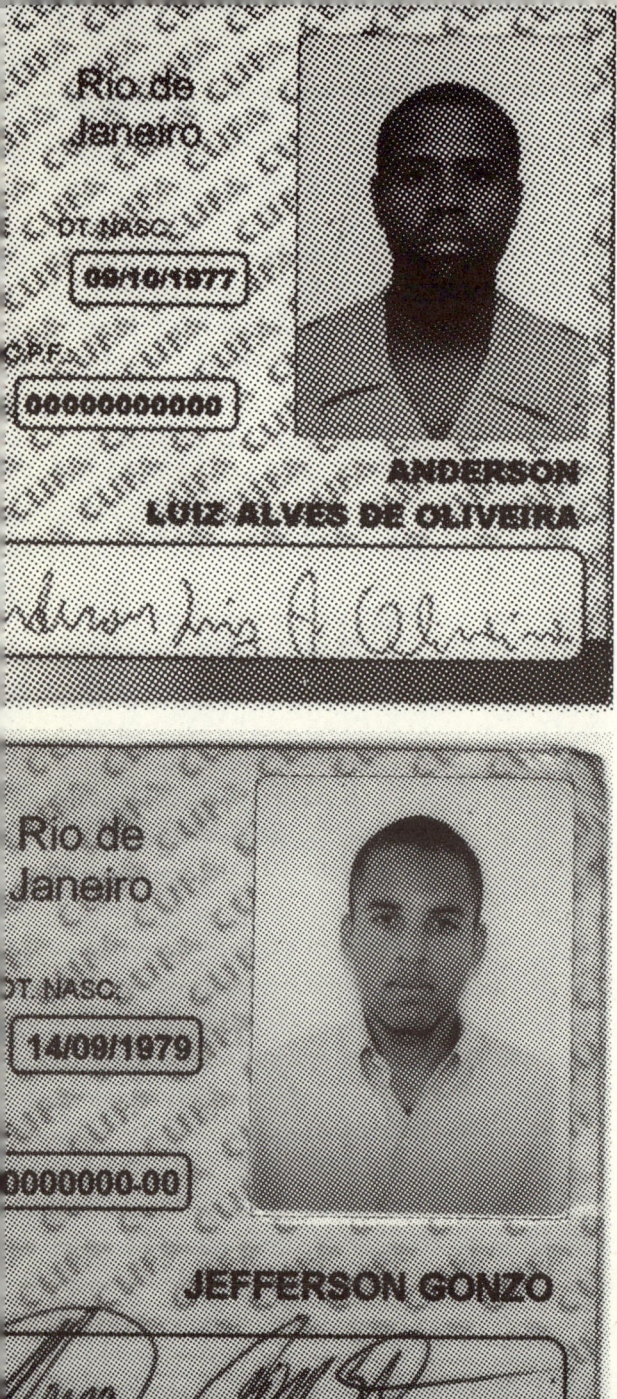

DT. NASC.
09/10/1977

C.P.F.
00000000000

ANDERSON LUIZ ALVES DE OLIVEIRA

Rio de Janeiro

DT. NASC.
14/09/1979

0000000-00

JEFFERSON GONZO

CUFA

CENTRAL ÚNICA DAS FAVELAS

Rio de Janeiro

MATRÍCULA: 0000101
CORRENTE: 8801
DT. NASC.: 09/10/1977

IDENTIDADE: 00000000-0/IFP
C.P.F.: 00000000000

<0000 1014>

ASS. LUIZ ALV

CUFA

CENTRAL ÚNICA DAS FAVELAS

Rio de Janeiro

MATRÍCULA: 0000056
CORRENTE: 0001
DT. NASC.: 14/09/1979

IDENTIDADE: 000000000-0/IFP
C.P.F.: 000000000.00

<0000 0567>

ASS.

Do Macedo Sobrinho pra cá

"Cidade de Deus, Cidade de Jesus,
de dia falta água e de noite falta luz."

Para a maioria das pessoas, morar em uma favela é por necessidade e não por preferência. A situação estrutural das favelas só piora com o passar dos anos. Algumas políticas foram feitas para melhorar o espaço, mas passaram longe do que seria, de fato, a transformação das favelas em bairros. É um tal de comunidade pra cá, comunidade pra lá e, às vezes, ainda entra um carente para completar, formando a tão conhecida hoje "comunidade carente". Meu pai veio de Botafogo, do morro do Macedo Sobrinho, com minha avó, alguns tios e muitos amigos. Instalaram-se no conjunto Gabinal Margarida, os AP da Cidade de Deus, como logo ficaram conhecidos. A família da minha mãe é da parte das casas, vieram pra cá um pouco antes, entre 1967 e 1969, também da Zona Sul: Catacumba, Ilha das Dragas, Praia do Pinto. Foi uma tristeza de ter deixado a Zona Sul para trás, com toda sua estrutura, seus empregos, que continuariam lá, e toda a convivência.

A Cidade de Deus tem hoje pouco mais de quarenta anos, desses, eu vivi trinta e meus pais, quarenta e poucos. Hoje, nossa favela fica muito bem situada no Rio de Janeiro, somos o coração de Jacarepaguá, estamos na boca da Barra da Tijuca, somos os AP e as casas, divididos pela Linha Amarela. Todas as ruas, praças, travessas e avenidas daqui têm nome bíblico, eu morei boa parte da minha vida na Rua Ezequiel, estudei na Rua Ezequias e na Praça da Bíblia, cujo acesso era pela Rua da Luz. O Nino morava na Rua Daniel e íamos sempre juntos para a Rua Moisés e hoje trabalhamos na Rua José de Arimatéia. Essa é a Cidade de Deus. AP, 13, 15 e Karatê são apelidos que compreendem áreas, porém o AP tem fundamento, são os apartamentos, treze e quinze são lotes e o Karatê tento saber até hoje. Aqui, como em outras favelas, não parou o crescimento e, com o passar do tempo, ganhamos outras áreas, que não têm mais nomes bíblicos, no entanto, são parte da Cidade de Deus. A primeira foi o Tangará, depois Pantanal, Pantanal 2, Comocidi, Rocinha 2, Casinhas, Pombal e Sítio.

Rio de Janeiro, 1996, uma chuva que atingiu alguns bairros e a CDD foi um dos mais castigados. A chuva arrasou com a invasão que ficava do outro lado da Treze, muitos ficaram desabrigados de uma só vez. Tenho imagens apavorantes dessa enchente na minha cabeça. Comecei brincando com uns amigos, eu tinha uma prancha de surf e quando as ruas encheram, peguei a prancha para brincar, na água suja mesmo. Foi quando meu irmão passou por mim e disse que ali perto, no Pombal, a coisa estava séria. Já havia morrido muita gente e que era para irmos ajudar, em vez de ficar ali brincando. Senti-me a pior pessoa do mundo naquele momento, fui em casa, deixei a prancha, falei com meu pai e fomos eu, ele e mais uns amigos. Seu Nando surgiu, do nada, com uma corda.

Atravessamos a rua, quase que a nado, e ficamos ali. Nossa função era, basicamente, ajudar as pessoas que vinham do trabalho, da escola a chegar em casa sem serem levadas pela correnteza e essa era a sabedoria do seu Nando com a corda. Ficamos ali no Pombal bem no início do Treze. O bicho estava pegando mesmo no Karatê, enquanto dali, de onde estávamos, víamos bujão de gás, de quem estava ajudando, passar, sofá e até um porco meu pai salvou. Do outro lado eram crianças, homens, mulheres e bombeiros sendo arrastados pela correnteza, uma das cenas mais tristes que já vi na minha vida. Na ponte grande ficaram reunidos 92 corpos de pessoas que não resistiram à enchente, o número real de mortos nunca foi divulgado. Após a enchente, algumas pessoas foram removidas para abrigos e nesse tempo foram construídas, às pressas, moradias em locais como o próprio Rio das Pedras, além da criação do Conjunto Habitacional Bandeirantes, conhecido a vida toda como "Cesar Maia". Acredito que esse seja o motivo para haver pelo menos três contagens populacionais na Cidade de Deus.

A CDD sempre foi um local onde a diversidade se fez presente. Talvez os bailes sejam, até hoje, o momento que aglutina o maior número de moradores em um mesmo ambiente, mas, sem dúvida alguma, a praça é o local de todas as tribos. Hoje, quando se fala em baile, refere-se ao baile funk. Antes não, havia os bailes soul, bailes de máscara, bailes à fantasia, bailes de carnaval, bailes charme, bailes da década de 50 e por aí vai. A Cidade de Deus tinha muito isso, sem falar nas festas, nos sambas, nas serestas, nas macumbas, nos pagodes e nos forrós. Cresci vendo tudo, ouvindo tudo, me formei culturalmente muito cedo, com toda essa riqueza musical ali presente. Meu pai tinha um violão e tocava músicas de MPB, mas eu também tinha minhas referências do rock. A Cidade de Deus sempre teve muita ligação com o rock, havia várias bandas. Outra característica da musicalidade da CDD é o samba show, temos muitas mulatas e músicos que viajaram o mundo com esse ofício.

Essa é a Cidade de Deus, conhecida hoje como a cidade do funk. A Cidade de Deus, confesso, perdeu muito do seu encanto, como os tradicionais campeonatos de futebol que eram feitos no Lazer e no AP, e que eram sensacionais. As pessoas trafegavam em massa de um lado para outro, e não tinha essa de que futebol era coisa de homem, as mulheres compareciam e participavam da festa. Grandes nomes, grandes times e jogadas incríveis, me lembro com carinho. Eu era apenas um espectador aspirante a esses campeonatos e, na verdade, minha vez nunca chegou. Eles evaporaram, quem viu a batalha medieval que era: Só Preto versus Paz e Amor, Bloco Velho versus Amigos Unidos do AP, Beira-Rio versus Mangueirinha.

Desejo vida longa à CDD e boa sorte, para que possa se livrar das linhas que prometem transformar o lugar em pontes, viadutos e passarelas. Desejo que os bons tempos voltem logo, os grandes bailes, os grandes campeonatos, as grandes festas juninas, com seus respectivos campeonatos de quadrilhas, o Primeiro de Maio com a rua fechada, a festa do Lazer sob o comando de Luizinho Jackson, os queimados que marcaram época, a maratona do Dia dos Pais, o domingo de Ramos, os dias de defumador, tia Maria da vitamina, a caipira do mico preto, o baile do Coroado, os grandes shows com Bebeto, Sandra de Sá, Negritude Jr., Copa 7, Devaneios... Admito que peguei pesado.

Pixiguitos

Pixiguito é um nome engraçado e esquisito cuja origem eu desconheço. Esse foi o apelido dado a um grupo de meninos, em que apenas os gêmeos cresceram, outros morreram ainda jovens. Esses Pixiguitos moravam nas Triagens. Hoje, parte desse local foi desocupado por conta da Linha Amarela. Minha mãe trabalhava na Faculdade Gama Filho e meu pai na PUC. Eu e minha irmã ficávamos com uma moça que toma conta de criança, não sei por que, mas na favela, essas moças que tomam conta de criança não se chamam babá. Meu pai trabalhou um tempo em casa de madame, como motorista. Isso rendia a mim e à minha irmã muitos brinquedos e foi nesse período que os Pixiguitos entraram na minha vida, ou parte deles, porque a outra parte entraria na hora da merenda, afinal eu dividia tudo com eles. Eles eram os mais temidos da favela. Faziam parte da mesma família. Não me lembro do pai deles, só da mãe, uma senhora negra com um eterno lenço branco na cabeça. Eram sete rapazes, dois gêmeos, estes homossexuais, talvez os primeiros que conheci e nem sabia direito do que isso se tratava. Sabia que era sempre um termo pejorativo, mas com os Pixiguitos ninguém se metia, poderia ser tudo, até gay. Eram, além dos gêmeos, Neem, Poin, Careca, Titino, que era o caçula, e Dugue, que era o mais velho.

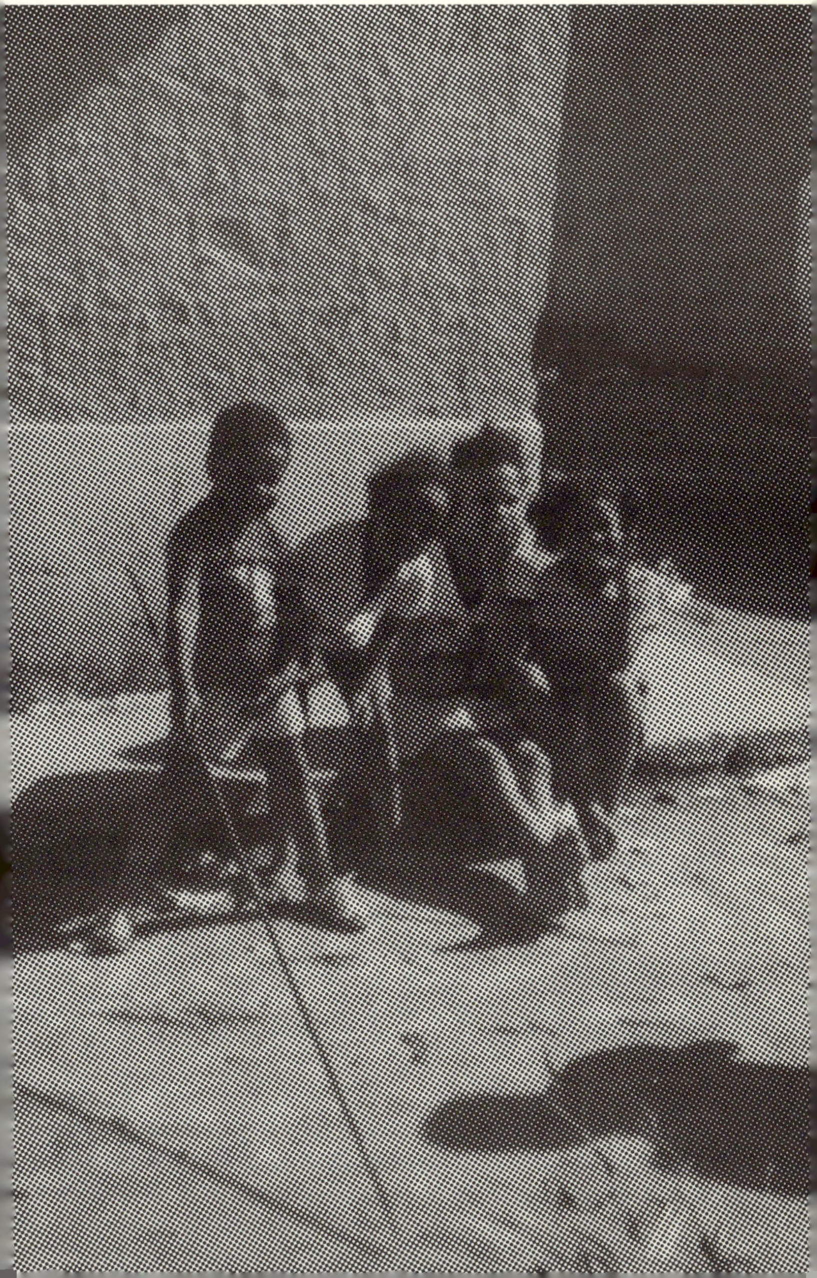

Depois de alcançar fama, os Pixiguitos agregaram outros nomes, também famosos, na Cidade de Deus: Neneca, Dimilsinho, Baby, esses do time da Maria, uma senhora que organizava um time dos sonhos de futebol da época. Antes de agregar esses outros jovens, os Pixiguitos correram o que chamamos de sete freguesias e faziam coisas do arco da velha: davam porrada nos outros, roubavam bicicleta, relógio, protagonizavam muitas guerras de arma de chapinha de refrigerante e cerveja, armas feitas com madeiras de todo tipo, inclusive cabo de vassouras, bastando uns preguinhos, elástico e pregador e estava pronta sua arma, afinal podia ser feita de vários modelos. E também guerras de bombas, bombinhas, cabeção de nêgo, fogos. Nessas guerras os Pixiguitos enfrentavam outro bonde, o da família do Zé Pequeno. As guerras de bomba tinham períodos marcados, em junho e julho. Dividíamos a favela em duas partes: quadrilha do AP, com o Zé, e a das Triagens, com os Pixiguitos. Assim como nos Pixiguitos havia os bons de bola da Maria, a quadrilha do AP tinha, também, seus craques. Só que no pingue-pongue e na porrada. Tição, Tonzinho, Bilinga, Bidial, Paulinho, Dola e mais uma pá de gente que ficava o dia inteiro jogando pingue-pongue, só que o jogo, além de disputado, era tumultuado. Certa vez saiu briga entre Bilinga, que tinha pouco mais de 1,50m de altura, e uma disposição que eu estou para ver, e Tição, um negrão de duas demãos de tinta e quase dois metros de altura. Não lembro quanto tempo durou, mas lembro que ninguém conseguiu separar, ou melhor, ninguém se atreveu. O AP tinha esses moleques bons de briga e foi a partir daí que os Pixiguitos deixaram de reinar no pedaço, mas, até o AP se firmar, era assim. Alguém gritava "Lá vêm os Pixiguitos" e todos, sem exceção, corriam e quem não corria perdia sua bola de gude, seu carrinho, ganhava uns cascudos etc.

Eu havia sido vizinho deles e a nossa relação era muito boa, na verdade, a relação deles com a minha mãe era muito boa. Eu quase nunca via a família Pixiguito reunida em casa, a única vez que me lembro de ter visto foi quando chegamos em casa, já por volta das 19h, e minha casa era barata pura, as paredes, o teto, as baratas tomaram de assalto o palacete de um cômodo só. Dei um grito de pavor que nunca mais esqueci, nem consegui chorar, estava apavorado de ver aquelas milhares de baratas. Os Pixiguitos escutaram meu grito e saíram correndo para ver o que era. Nesse dia até a mãe deles saiu, foi a última a sair, mas saiu, com o Titino no colo. Eu não falava uma palavra, meus olhos, acredito, pareciam pular do meu olho de horrível que era a imagem, mas, graças a esse mundaréu de baratas, eu tenho a imagem da família Pixiguito e da mãe guardada na memória como pessoas boas, uma família sem oportunidade como muitas no Brasil. Eles ficaram até tarde, os meninos ajudaram minha mãe e minha irmã a matar as baratas e a limpar a casa enquanto eu brincava com o Titino perto de um esgoto, que também não esqueço porque minha bola sempre caía nele e minha mãe não deixava mais eu brincar no dia porque tinha de lavar a bola com cloro. Depois desse dia nos mudamos e nunca mais voltei às Triagens, nem os vi mais. Minha mãe sempre falava que o Dugue, o mais velho, tinha conseguido se salvar, estava trabalhando.

Um dia fui ao apartamento 402, do bloco 18, na casa de minha tia. Enquanto subia vi Dugue, estava na mão dos bandidos. Passei e fiquei assustado com o que vi: eles estavam batendo no Dugue, eu não fazia ideia de por que ele apanhava, e subi correndo, com medo. Fiquei da janela da cozinha com meus primos e minha tia vendo aquela terrível cena por um bom tempo, acreditando que os caras iriam liberá-lo. Ledo engano. Conseguia ver os bandidos batendo nele com pedaços de pau, e apesar de tentarmos fazer o que era possível, acreditávamos que ele logo ia sair dali e que todo aquele mal entendido seria resolvido. Mas as horas passavam e eles continuaram a bater. Minha tia nos colocou para dormir, mas as cenas não saíam das nossas cabeças e, de vez em quando, escutávamos uns gemidos. Aquele garoto era bom, talvez o único Pixiguito que viveu longe do tráfico, das drogas, conseguiu trabalho digno. Por volta das 6h da manhã, com o dia claro, eu estava na gretinha da janela, chorando, e vendo os bandidos chamarem um pessoal que não sei quem são, para arrastarem o corpo do Dugue. O Pixiguito.

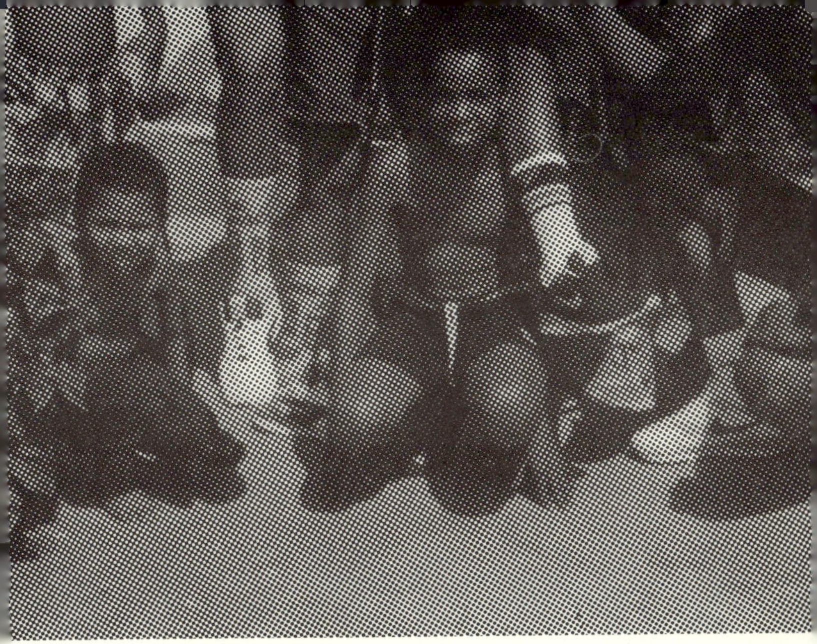

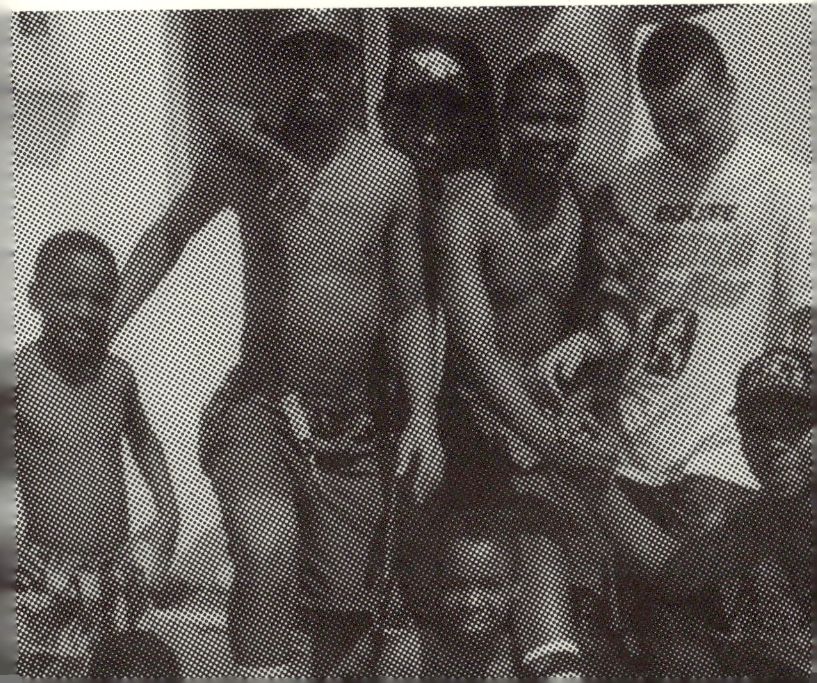

Saudação a CDD

Saudação a CDD

Refrão 2X
Cidade de Deus
Saudade, saudade da tranquilidade da malandragem

1ª parte
Lá ninguém paga pedágio
Lá ninguém paga aluguel
É lá que eu vivo tranquilo, e é de lá que eu vou para
Só se chama Cidade de Deus compadre,
porque lá tem gente boa
Êta lugar tão tranquilo, malandro,
que parece até Lisboa

Refrão 1X

2º parte
Lá tem até novo mundo
e o AP, que bom
Laminha, 13, Karatê
Lazer e o 15, no meu coração
Se você não acredita
venha e se sinta legal
pegue a Linha Amarela
e faça uma visita lá no Pantanal

Refrão 1X

3º verso de improviso
Os amigos que se foram no meu peito
já "deixou" saudade
saudade da tranquilidade da malandragem.

Essa letra é de um samba composto por Arifan, Fu, Marcio Borges, Liz Oliveira, Nino Brau e eu, Anderson Quack.

Todo favelado tem orgulho do seu lugar. Pelo menos, comigo, é assim. Eu sou muito provinciano nesse sentido. Se pudesse ficaria vinte e quatro horas na Cidade de Deus, todos os dias. Pode até parecer exagero, mas, desde a hora de acordar até a hora de ir dormir, e vice-versa. A Cidade de Deus é um lugar particularmente mágico. Sua gente, suas ruas, suas noites de frio, chuva, de céu estrelado, suas meninas, meninos, sua velha-guarda, os dias quentes com os fins de semana repletos de pessoas bronzeadas exibindo suas marquinhas, aqui e acolá, sua musicalidade, suas casas em vários estilos, algumas, inclusive, ainda conservam a arquitetura de quando foram construídas. É tão bom ir à praça do AP ou ao campo do Lazer, é tão bacana estar no Coroado, na Mocidade, no Luar de Prata, ir ao Cachoeira, comer uma casquinha de siri, ir na Dona Maroca comer salgadinho, dar um alô para a rapaziada na esquina de Londres, estar ali com os amigos na Mangueirinha, dar um rolé no Karatê, ver o visual de cima da laje do Piri e depois tomar um açaí no seu Zé, almoçar na pensão da tia Mariza, ou no Raul, ou na Green House, depois, de sobremesa, ir à sorveteria de Minas ou comprar um dos tantos sacolés vendidos pelos moradores do local. Minha memória me faz lembrar os bailes no 15, na 69, na rua Botafogo, na caipira do mico preto, no Barro Vermelho, do sanduíche Big Faustão, do Zezé, e da vitamina da Dona Maria.

A Linha Amarela mudou o cenário da Cidade de Deus em grande parte, mas não tirou o brilho, só desviou. A Cidade de Deus parece uma fênix que renasce a cada dia das cinzas. Eu gosto dos queimados dos gays e das meninas, não sei, sinceramente, de qual é mais divertido. Tantos personagens interessantes, importantes para a Cidade de Deus. As quadrilhas e os campeonatos de quadrilhas na época das festas juninas, tinham no AP, na Salomão, no seu Dantas, no mico preto. A gente não só dançava na favela como, também, percorríamos outras caipiras e às vezes íamos a pé mesmo, sem ônibus, andávamos quilômetros de distância e depois vinha a melhor parte, retornar para a Cidade de Deus.

Muitas noites passei em claro, contemplando a escuridão na Cidade de Deus. Amanhecia ali, na beira do campo, esperando o futebol começar. Eu sempre dizia aos meus colegas de time que rendia mais quando não dormia, eles nunca entenderam e, na verdade, nem eu. Meus rolés pela Cidade de Deus, seja de bicicleta, a pé, de carro ou de moto, são sempre intermináveis, não existe na Cidade de Deus uma rua pela qual eu não tenha passado, uma praça pela qual eu não tenha parado, uma festa de rua a qual eu tenha deixado de ir, um baile, uma escola de samba ou bloco. Sou totalmente ligado à Cidade de Deus, atento a tudo, às brigas, às desavenças, às modas, de muitas delas posso dizer que fui pioneiro, de outras só participei e a tantas, me recusei. Eu vejo a Cidade de Deus e me ocupo dela e é de lá que vem minha inspiração para tudo que faço. Lá é um bom lugar para criar filhos, para fazer amigos, para se divertir e para se correr riscos. Talvez, pelo motivo de se correr riscos também, muitos deixaram de ver a possibilidade de criar filhos lá. Até eu mesmo, às vezes, fico confuso. De toda forma, meus filhos são criados lá.

A Cidade de Deus é um bom lugar para se trabalhar também, o comércio é quente e variado, de costureiras a mercearias, de casa de material de construção a supermercados. Não me recordo de ter algo que não seja viável lá, é bem verdade que organizar algumas festas, por exemplo, lhe renda bastante dor de cabeça e é bem possível, também, que você consiga realizar duas ou mais. Depois sua cabeça esquenta tanto que você desiste, não como um fraco, mas como uma pessoa sensata, e isso é péssimo. A política local, às vezes, atrapalha bastante o crescimento do comércio, mas a Cidade de Deus é mais forte que qualquer política e, independe dela. Os governos e os políticos vão e vêm e a Cidade de Deus continua lá, com menos ponte do que antes. Perdemos, pelo menos, três pontes durante esses cinquenta anos, o que já demonstra que alguns locais perderam o nível de circulação de antes, mas tantos outros lugares nasceram nesses cinquenta anos. Muitos com a chegada do progresso, com o crescimento da violência e, sobretudo, com a instabilidade local, migraram da Cidade de Deus. Alguns voltaram, outros não, uns estão melhor onde estão, outros tantos passam perrengues, mas uma coisa os une: o amor pela Cidade de Deus.

A vida seria melhor se determinadas coisas não existissem no mundo: drogas, armas e violência. Talvez sejam esses três os únicos causadores da insatisfação com a Cidade de Deus e não só de onde eu digo. Isso é no mundo! Não na Cidade de Deus! Nas universidades, futuros advogados, médicos, sociólogos, gente de todo tipo, consomem drogas, traficam drogas, sobrevivem delas. As armas são usadas por nações e não somente por facções que existem nas favelas, como a minha querida Cidade de Deus. Elas são, antes de mais nada, fabricadas por pessoas que têm a intenção de usá-las, e isso vem desde que o mundo é mundo. Seja uma arma de fogo, uma arma branca ou, até mesmo, uma arma inventada, elas estão em toda parte, assim como a violência. Eu gostaria que na Cidade de Deus não houvesse violência de nenhuma espécie, nem policial, nem marginal, mas gostaria, também, que ela não existisse nos lares, nos bares, nas tribos, nos campos, nas escolas, mas ela existe, desde Caim e Abel. A Cidade de Deus não é, particularmente, especial pelas drogas, pelas armas e pela violência que existem lá. Somos iguais em número, gênero e grau, parecidos com tudo que existe no mundo. Desejo que todos os povos e nações consigam um dia se libertar desse mal. Desejo que a Cidade de Deus se livre desse mal também. Acredito que a Cidade de Deus é mais forte que tudo e tem provado isso ao longo de décadas e, só por isso, está lá. Eu adoro vir das bandas do 15, em direção ao Lazer pela manhã, e ver o sol nascer e a Pedra da Gávea, lá longe, me norteando. Da janela da Cufa eu vejo a Igreja da Penha, lá no alto, e sempre que estou aperreado com algum problema no trabalho, vou até essa janela para refletir e volto depois bem melhor.

Eu não tenho opinião formada sobre o povo da Cidade de Deus, eu acho muito complexo falar sobre uma gente tão rica e diversa. De toda forma, estou com Cidinho, que teve a coragem de, em uma canção, falar um pouco sobre nossa gente e, de certo modo, desenhar um perfil real, não único, mas real. E a realidade é que, se eu não parar de falar, agora, da Cidade de Deus, talvez eu consiga escrever, pelo menos, umas 1000 páginas. O que não seria nada mal, pois acho que ela merece todas essas páginas, mas vou ficar por aqui e deixar que a música do Cidinho revele um pouco do nosso povo, do nosso cotidiano e, por que não, do meu carinho, que passa por aquela gente e por aquela terra, chamada de DEUS.

Cidade de Deus

    C I D A D E D E D E U S e vê se não esquece
    De Deus êêêêê Cidade de Deus
    C I D A D E D E D E U S e vê se não esquece

Dizem que nós somos violentos
Mas desse jeito eu não aguento
Dizem que lá falta educação
Mas nós não somos burros não
Dizem que não temos competência
Mas isso sim que é violência
Que só sabemos fazer refrão
Se liga sangue bom
Mais não é assim
Nós temos escola
Nós temos respeito
Se quer falar de nós
Vê se fala direito
Estou documentado doutor
Cidadão brasileiro e tenho o meu valor
Meu pai é pedreiro, mamãe costureira
E eu cantando rap pra massa funkeira
O ritmo é quente, é alucinante
Êta povo do funk, eta povo gigante
Eu quero ouvir geral no refrão

Cidade de Deus êêêêê Cidade de Deus
C I D A D E D E D E U S e vê se não esquece
De Deus êêêêê Cidade de Deus
C I D A D E D E D E U S e vê se não esquece
Mas se tu não sabe eu te conto
Mas eu não sei se tu está pronto
Nem tudo o que falam é verdade
Queremos paz, justiça e liberdade
Quando tiver um tempo sobrando
Se liga no que estou falando
Vai lá conhecer minha cidade
Eu vou te dizer aí que começa
Tu vai se amarrar vai se divertir
Depois que tu entra não vai querer sair
Vai ver alegria vai ver sofrimento
Não escondemos nada o que temos lá dentro
Porque a comunidade tem fé

A vida que levamos é tipo maré
Às vezes tá alta às vezes tá baixa
Quem sabe navegando essa maré se acha
Esqueça a caneta escreva de lápis
Quando a maré mudar você passa a borracha
Porque a vida do povo é assim
Às vezes tá tranquila e às vezes tá ruim
Depois do cerol tem que dar estanque
Minha filosofia é paz, amor e funk
Depois do cerol tem que dar estanque
Minha filosofia é paz, amor e funk
Eu quero ouvir geral aê

Cidade de Deus êêêêê Cidade de Deus
C I D A D E D E D E U S e vê se não esquece
De Deus êêêêê Cidade de Deus
C I D A D E D E D E U S e vê se não esquece
C I D A D E D E D E U S e vê se não esquece
C I D A D E D E D E U S e vê se não esquece

V BILL FOI
POIS

FOI MERECIDO ESTE PRÊM
POIS VALEU PELA LUTA.
AGRADECIMENTOS DOS AM
UNIDOS E FAMILIARES.

TEA

CIA

TU

Cap.05
Cia. de Teatro Tumulto

Paixão à primeira vista

Olhando da gretinha eu via um grupo de mendigos reunidos em uma espécie de assembleia. Eu sempre estava ali, querendo zoar com as pessoas que frequentavam aquele local onde se fazia de tudo: aula de capoeira, judô, dentistas, reuniões, creches, e a nossa diversão era ir lá para zoar as pessoas que estavam nos seus afazeres. Mas nesse dia fiquei impressionado com o que estava vendo, me perguntava o que aqueles mendigos faziam ali, e os outros meninos, que também queriam olhar da gretinha, me davam pontapés, murros e me jogavam areia para eu sair dali. E eu tentando entender o que era aquilo, até cair a ficha de que eles eram atores interpretando a peça "Sindicato dos Mendigos". Fiquei completamente entretido com aquela cena. Não só eu, quando os outros meninos conseguiram ver também ficaram surpresos. A nossa primeira reação foi querer sair correndo e foi isso que fizemos só que, em vez de corrermos para dar a volta, entrar no CSU e começar a zoar, como de costume, foi tudo diferente. Quando chegamos ao interior do prédio o espaço estava lotado de gente. Essa era uma cena nova para nós. Normalmente, ficavam ali meia dúzia de gatos pingados, e ainda tentamos dar uma zoada, mas a peça foi mais forte. Os mendigos começaram a direcionar textos para a gente fazendo com que ríssemos e ficássemos sérios ao mesmo tempo. A verdade é que ficamos totalmente entretidos com aquele espetáculo. Meu desejo era estar ali, naquele palco, cantando, dançando, falando um texto. O figurino de mendigo me chamava muita atenção. Não me lembro do cenário, mas sei que tinha uma canção do Gonzaguinha.

Minha mãe tinha o bom costume de nos levar para transitar na cidade, não somente a "de Deus", mas também a de "São Sebastião". Nessas andanças, sem dinheiro, os parques públicos como a Quinta da Boa Vista eram os nossos preferidos. Havia uma identificação, e com isso passei a considerar outros fatores teatrais que o Grupo Raiz da Liberdade, minha primeira referência teatral e o primeiro grupo de teatro da Cidade de Deus, não havia me mostrado na peça "Sindicato dos Mendigos", mas que, só depois, fizeram sentido para mim. Talvez por eu estar desatento a outros detalhes, afinal era um espectador infantil para uma peça adulta, e o outro ponto era que eu tinha ido ali pra zoar e acabei me apaixonando. Só vi os atores em cena e mais nada, eu estava completamente hipnotizado pela peça... Na rua passei a observar o corpo em cena, o toque dos instrumentos, os palhaços e cheguei, finalmente, ao circo, com o qual não me encantei muito. Queria mesmo era ir ao teatro, mas não havia essa possibilidade, os espetáculos de rua eram sempre na sorte. Nunca era "Vamos ao teatro de rua!". Eu pedia a Deus que tivesse e às vezes tinha. Não me recordo de, naquela época, ter voltado a assistir aos espetáculos do Raiz da Liberdade, mas os reconhecia na rua. Fiquei feliz que o teatro tenha me descoberto dentro da minha casa, na Cidade de Deus, por pessoas de lá, e isso me fortalece. Tenho muito orgulho desse grupo Raiz da Liberdade, porque eles me deram outro exemplo, o de que era possível ir para a universidade. Coincidência ou não, as primeiras pessoas na CDD que eu soube que fizeram faculdade foram eles. Isso me ensinou que esse papo de que artista é vagabundo é mentira, mas, sobretudo, me passou o valor da dedicação do artista. Eles levantaram bandeira contra a discriminação racial, social, contra a homofobia em uma época em que não se discutia nada disso nas favelas. Discutia-se pouco fora e até dentro da universidade não era tão debatido. Eu naveguei nesse mar de possibilidades e fui um privilegiado, pois pude aprender bastante. Na questão do favelado ser visto como um alienado, por exemplo, o teatro desse grupo ajudou muito a CDD.

O tempo passou, eu cresci, fui ser um monte de coisa, fazer um monte de cursos, nenhum deles ligado ao teatro, apesar de sempre ter um olhar para arte, principalmente no teatro. Cheguei a fazer um pajé em uma peça do "Bumba meu boi", no colégio, que levava o nome do dramaturgo Nelson Rodrigues, me meti a MC de funk e fui parar nas Faculdades Integradas Hélio Alonso, em Botafogo, para fazer um curso de teatro, sob o comando de Sady Bianchin. Era uma espécie de Cia. que se reunia aos sábados na faculdade, montamos uma peça chamada "Morte e Vida Severina", baseada na obra de João Cabral de Melo Neto com a música "Procissão", de Gilberto Gil, e fizemos uma apresentação na Feira da Providência, no Riocentro. Depois me desliguei do grupo e fui fazer outras coisas, me envolvi com o social e fui parar na UniCom (União Comunitária da Cidade de Deus), da qual fui um dos fundadores. Depois disso fui para o Coroado ser diretor de esporte e cultura, depois entrei na PUC, onde comecei a me envolver com os alunos do DCE. Apesar do convívio entre funcionários e alunos ser bem-visto por muitas pessoas da universidade, existe muito preconceito com funcionários que se relacionam com alunos, por mais que isso contrarie a lógica de que os alunos vão para a faculdade para também aprenderem a se relacionar com o mundo. Os alunos são verdadeiros clientes, sempre têm razão, e, nós, funcionários, levamos sempre a fama de nos aproximar em troca de recompensas. Isso fez com que eu me afastasse de alguns bons amigos, no entanto, o amadurecimento conseguiu reverter esse quadro e pude fazer grandes amizades com alunos, como o Mário, o Vicente, a Patrícia, o Qinho, a Lívia, o Vitor, o Caiado, a Vanessa e o Omar Salomão. Um dia um aluno, que era ex-funcionário, me veio com uma proposta de apresentar uma peça no dia 24 de outubro, no festival da primavera, e perguntou se eu não tinha um grupo. Não sei de onde tirou essa associação, afinal, nessa mesma ocasião, eu estava fazendo um curso de teatro com minha madrinha Guida Vianna. Conheci a Guida na universidade, ela estava ensaiando "O círculo de giz caucasiano" do Brecht, e eu estava sempre atento aos ensaios dela, debruçado sobre o corrimão do auditório da PUC, em minhas horas vagas, até que, um dia, ela me chamou e perguntou se eu era ator. Eu respondi que sim e ela perguntou o que eu fazia na PUC. Respondi que tomava conta dos carros, e comentou que, em julho, daria uma oficina de dois meses na Casa da Gávea e ainda acrescentou que se eu estivesse interessado, ela me daria uma bolsa de estudos. Eu aceitei na mesma hora, mas pedi, em vez de uma, duas bolsas, e fomos eu e o Charles para a aula.

Chegamos lá e só havia nós, de pretos. A Guida disse que tínhamos de passar na secretaria, eu e Charles nos olhamos e pensamos em ir embora, secretaria remetia a mensalidade, a pagamento da inscrição, enfim, a um valor qualquer que eu e ele não tínhamos. Enquanto as pessoas desembolsavam seus valores na secretaria nós pensávamos em uma solução. Tínhamos dois caminhos: irmos embora dali xingando a Guida, ou encararmos a secretária. Optamos por encarar a secretária. A secretária era uma mulher jovem, branca, de cabelo preto,

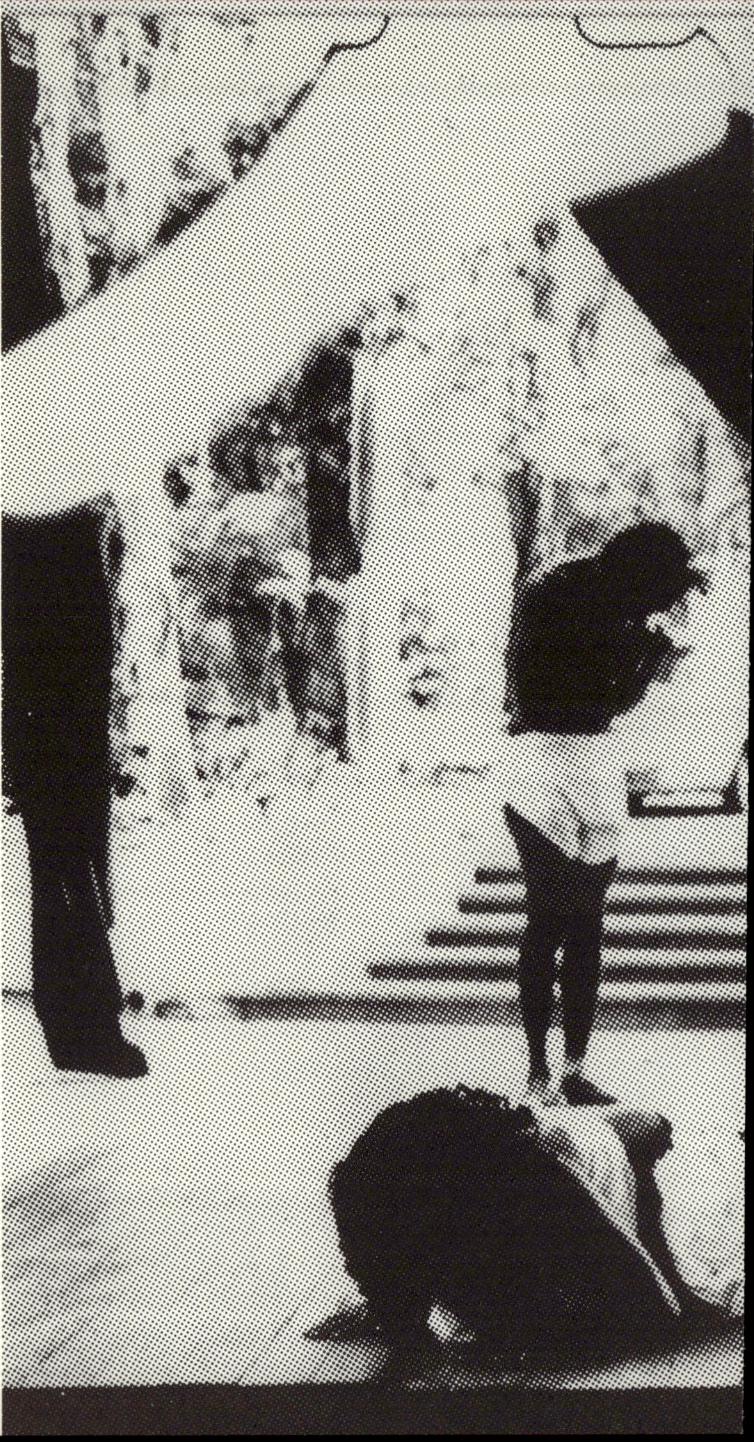

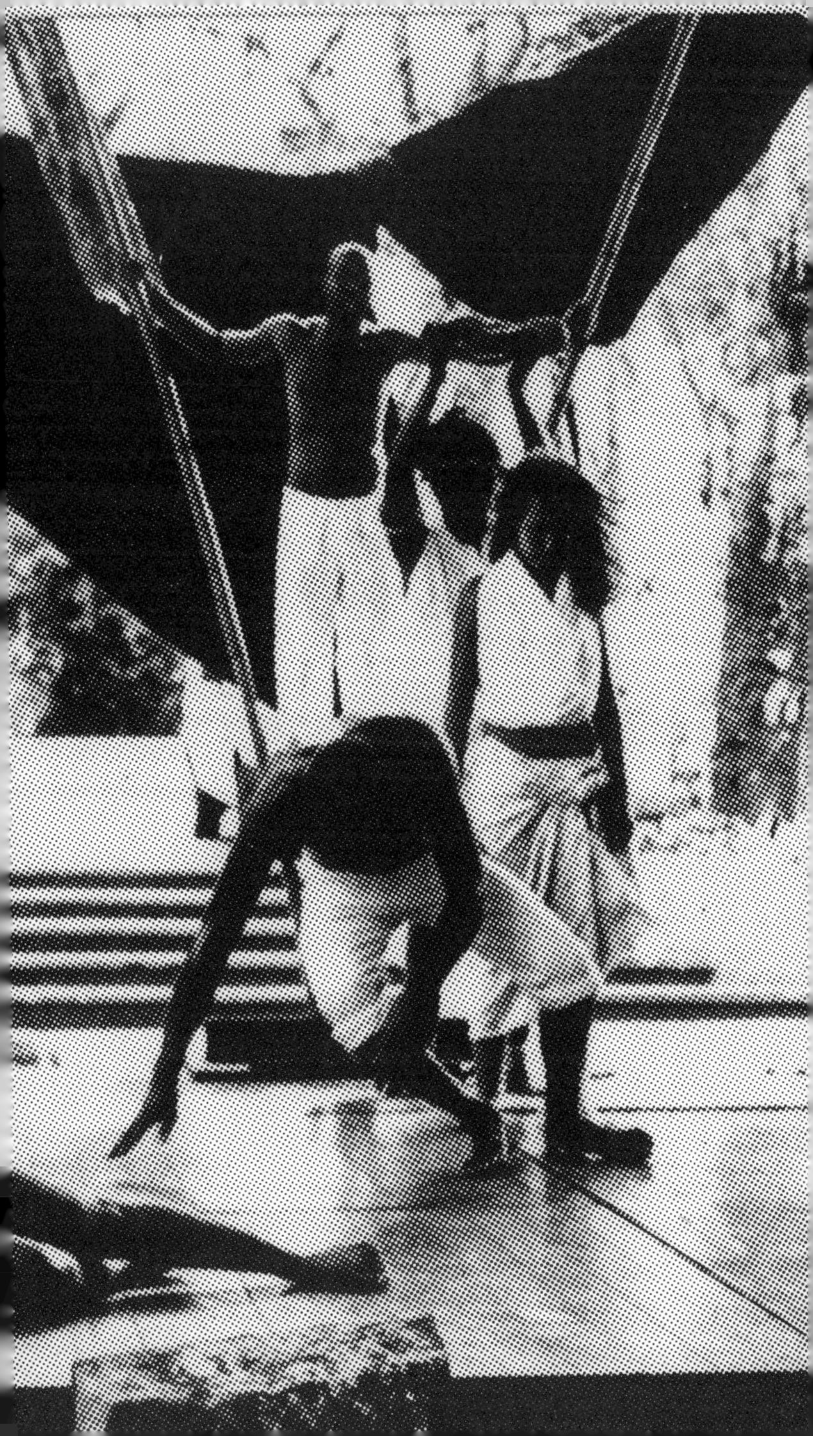

No olho do furacão

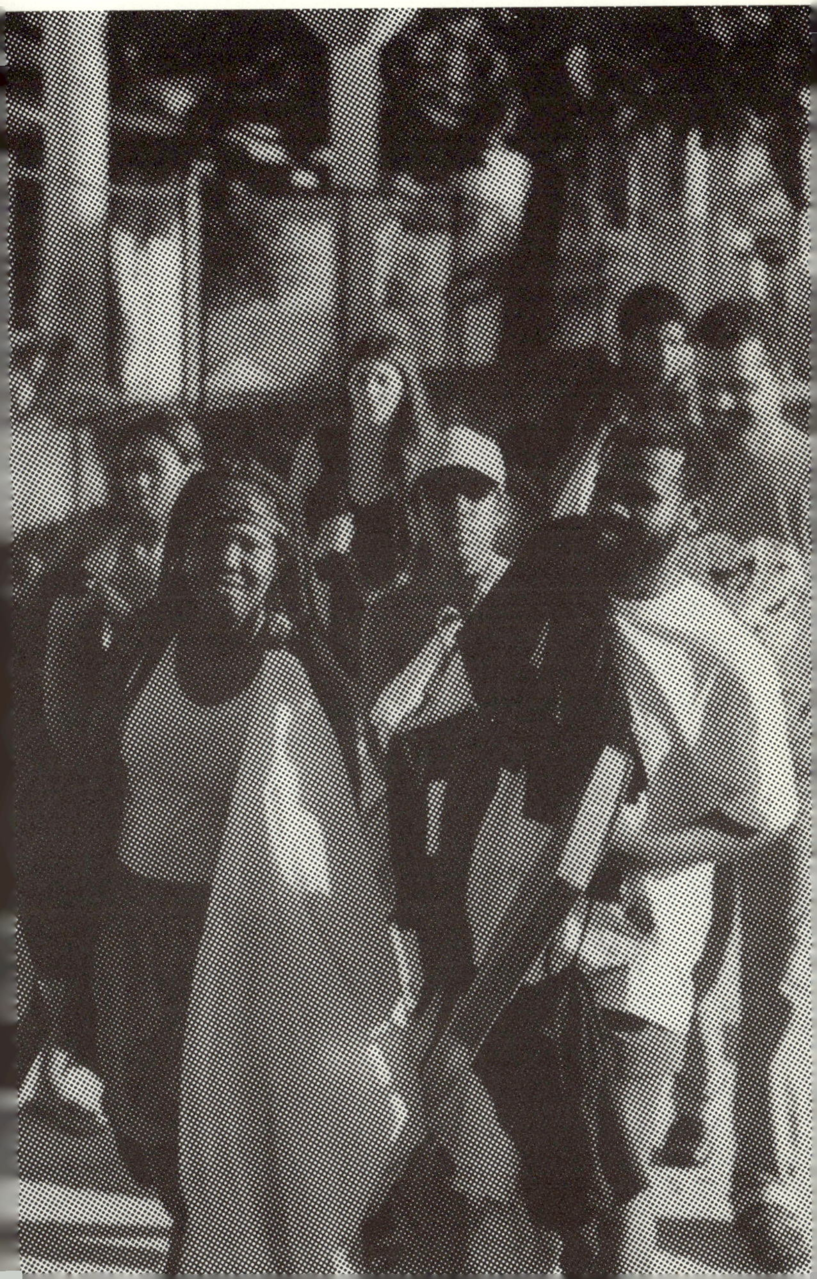

quase não nos olhava, com a cabeça baixa pedia nome, identidade e o dinheiro da matrícula, que era o que temíamos. Na parte do dinheiro ficamos em silêncio até que ela levantou o rosto e disse.

— Vocês são os alunos bolsistas da Guida.
— Sim.

Presumi que responder isso seria bom, o Charles me olhou com cara de "Tu falou merda neguim", mas eu fiz cara de aluno bolsista, mesmo sem saber o que era. A secretária fez com que preenchêssemos alguns papéis e depois nos liberou. Fiquei aliviado, duas aulas depois. O curso foi maravilhoso, a Guida é uma mulher genial, boa pessoa, boa atriz, uma pessoa importante para o teatro brasileiro, enfim, uma pessoa e tanto.

Na Casa da Gávea montei meu primeiro texto. Depois de anos, o Felha o batizou de "A Voz do Excluído". Partimos dali eu e Charles. Ficamos nos encontrando e foi nessa fase que o cara me perguntou se eu não tinha um grupo e se o meu grupo não gostaria de se apresentar no festival. Disse que sim, que tinha um grupo e que gostaria de participar do festival, e o rapaz falou: "Valeu, me manda o nome da peça, o release e a ficha técnica." Eu só não sabia o que eram essas coisas a não ser pelo nome da peça, que eu já tinha, "Navio Negreiro" — eu estava ouvindo o disco do Caetano e ouvi bastante a adaptação do poema do Castro Alves feita por ele, então juntei "A Voz do Excluído", que a Guida já tinha visto e aprovado com louvor. Chamei, inicialmente, mais dois atores da CDD, Núbia Rosa e Fabio State, e fomos ao primeiro ensaio, no terraço da Núbia, onde encontramos a Rafaela Baia que, também convidei para fazer parte da peça. Depois também chamei Leo Bezerra, e assim formamos o primeiro time de atores. Já nessa ocasião a Liz e o Nelson fizeram a produção do espetáculo, o Robson, meu professor de inglês e música, tocou na peça também. Essa foi uma apresentação muito importante, não somente por ser a primeira, mas por representar uma mudança significativa na vida de vários jovens e, principalmente, na minha, que, a essa altura, já estava a dois anos na Cufa e já tinha outro pensamento sobre a vida e sobre a PUC.

Não ficamos somente ali, queríamos mais, mas não sabíamos como. O público nos dava um retorno muito bom, mas ainda não tínhamos nome e nossa apresentação foi para a faixa como "Fragmentos de um Navio Negreiro". Procurávamos um lugar para nos encontrarmos, os encontros eram cada dia na casa de um, até que, cruzando por uma das ruas mais movimentadas da Cidade de Deus, encontrei minha tia Neide, tia de consideração. Ao me ver com aquela turma toda, Neide ficou curiosa para saber o que estávamos fazendo e quando dissemos que estávamos vindo do ensaio, ela sorriu e disse: "Legal! Aqui na Cidade de Deus está tudo parado, ninguém faz mais nada, tomara que esse grupo de vocês vá para frente", e terminou dizendo que no tempo dela as pessoas se reuniam para jogar queimado e que hoje os jovens da Cidade de Deus não fazem mais nada.

O grupo me olhou com aquela cara de que estava na hora de ir. Apesar de concordar com minha tia, também precisava partir e a melhor saída era fazer cara de desconforto e torcer para que ela nos liberasse. Ela não nos liberou e quis saber qual peça estávamos ensaiando, quando eram os ensaios, onde e mais um monte de coisas. Eu disse que o grupo começara há pouco tempo e que ainda estávamos nos organizando, procurando lugar para ensaiar, que o grupo nem tinha nome. Foi quando ela disse que conhecia uma pessoa que poderia nos ajudar, um senhor que morava no Bloco Velho, e trabalhava com ela:

— Vou falar com ele, e sua mãe como é que tá? — complementou minha tia.
— Tá bem, tia.
— Me dá o telefone dela que eu aproveito para, quando ligar, deixar recado avisando que vocês vão lá falar com ele, ele vai adorar saber que vocês estão tendo essa iniciativa.
— Valeu, tia.

No dia seguinte estávamos na minha casa ensaiando quando minha tia ligou, minha mãe atendeu e elas falaram um tempão no telefone. Quando, finalmente, minha mãe me chamou, fui ver o que era e ela disse: "Sua tia Neide ligou e disse que o Honorato está esperando vocês no domingo, às 17h, na casa dele." Eu perguntei: "Mãe, quem é o Honorato?", ela respondeu: "É o tio do Montanha." Montanha é um amigo meu que toca pagode, rock, forró, enfim, é músico, e minha mãe lembra bem do Montanha porque foi ele quem quebrou a cadeira de praia que ela mais gostava, o cara pesa muito. Sem entender eu perguntei em que o Honorato iria nos ajudar, e ela disse: "Anderson, você sabe quem é o Honorato, ele é aquele que canta, que trabalha com sua tia que era do grupo Raiz da Liberdade..." Quando minha mãe disse isso, me lembro que veio muito forte a imagem da peça, não do Honorato, mas da peça, do grupo, da galera deles e fiquei muito feliz em saber que ele nos receberia, afinal eu era seu profundo admirador.

Honorato mora no primeiro andar do prédio de esquina no Bloco Velho, bem em frente ao ponto de ônibus e do sinal ali na Gabinal, a principal avenida do AP. Já fazia anos que eu não via o Honorato, eu o achava muito misterioso, esotérico, uma figura bem diferente do favelado habitual. Levei o grupo lá, na ocasião fomos eu, Charles Rosa, Rafaela Baia, Núbia Lima, Fabio State, Flavia Chaves e Leo Bezerra. A casa, de fato, estava aberta a nos esperar. Nós já tínhamos feito a nossa primeira apresentação, e havíamos decidido que seríamos um grupo apesar de parecer pretensão demais para nós, então esse era o motivo da reunião, que teve como pauta: como ser um grupo. Até ali não fazíamos ideia do que era ser um grupo, mas tinha em mente a imagem do grupo Raiz e, por isso, sabia do potencial daquele homem. Entramos no seu apartamento e fomos recebidos pelo rapazinho, o sobrinho mais novo. Lá nos deparamos com uns livros espalhados no chão, um abajur, do qual me lembro aceso e que me chamava muita atenção, uma mesa gigante que imaginei ser para reuniões, mas não era. O sobrinho dele nos avisou que ele estava no quarto se aprontando. Isso tudo foi mexendo comigo, eu tinha medo do grupo não se identificar com o Honorato e, pior, ter preconceito com ele. Ele propositalmente não nos recebeu na porta, se tornando ainda mais misterioso, nos deixou na sala enquanto se preparava para sair do quarto.

Quando o Honorato apareceu, não o reconheci de tão diferente que estava, mais magro, com o cabelo mais curto e com a voz um pouco cansada, mas a inteligência sobrava naquele homem. Ele reuniu o grupo ali mesmo onde cada um estava, eu estava mais próximo do abajur, lendo um livro de teatro, a Núbia e o Leo estavam discutindo perto da varanda a importância de estarmos ali, Charles e Rafaela se revezavam na massagem um no outro, Fabinho estava de posse de um livro de poesia sentado no chão e Flavia Chaves falando um monte de coisas no meu ouvido — ela tinha o desejo de organizar o grupo, o que era muito bom. Foi ela, inclusive, a nossa primeira produtora oficial. O Honorato fez parecer que sua casa era nossa casa, e, tempos depois, vim a entender, em um grupo é assim, ou deve ser assim, ou é melhor que seja assim. As coisas do grupo são de todos, então uma coisa é de todos, ou o grupo faz parecer, vira uma família e, se não for, é melhor não ser grupo. Isso tudo o Honorato nos ensinou, nos deixando uns minutos na sala sem nos censurar, sem nos dogmatizar, ele fez isso respeitando nossa imaturidade que, naquela época, sobrava, bem como a inteligência dele. Quando saiu do quarto, logo disse que ia ter de ser breve pois tinha compromisso. Eu não entendi nada e simplesmente disse:

> — Honorato, esse aqui é o grupo.
> — O que vocês querem? — nos indagou Honorato, com voz de curiosidade.

Nessa época a maioria dos integrantes era um pouco líder, um pouco revolucionário, a gente queria mudar o mundo por meio da nossa arte. Era nossa utopia.

> — O Quack nos trouxe aqui porque tu ia nos ajudar na formação do grupo. — disse Núbia.
> — Vamos montar uma Cia., mas não sabemos bem como. — falou Leo.

O Honorato resolveu abrir a boca:

> — Bem, vocês parecem bem interessados com a ideia de montar um grupo, mas quero que saibam, desde já, que um grupo é só um grupo, fazer teatro é outra coisa. Vocês podem fazer as duas coisas, serem um grupo e fazerem teatro — e sorriu.

Naquele momento fizemos cara de paisagem, somente. Ele seguiu falando, com ar bem-humorado, mas sempre muito enfático e, ao falar, demonstrava uma seriedade que nos fazia crer que estávamos entrando em uma seara realmente complexa. Ele seguiu falando de grupos, sobre a importância de prevermos alguns momentos de dificuldade, falou de amizade, de compreensão e nós ficamos, ali, atentos, sem dar um pio. Depois ele falou do teatro e nos deu de presente um livro do Augusto Boal, chamado

"200 Jogos para Atores e Não Atores". Sobre o livro, ele dizia que aquele ali seria a nossa Bíblia no início de carreira e que nós não deveríamos parar, que tínhamos de realizar. Saímos dali felizes, e era uma época de muita felicidade mesmo. Aquele homem havia nos enchido de esperança, nos confortou com sua sabedoria, não nos escondeu que teríamos muitas dificuldades e encerrou sua contribuição dizendo que não deveríamos parar, talvez por isso, também, não desisti, porque sei, de criação, que desistir é o caminho mais fácil.

Depois do Honorato houve outras pessoas importantes que passaram pela Cia. Passados os anos a Cia. foi tomando outros rumos e as pessoas que fundaram a Tumulto comigo, também. Lembro da saída da Núbia, e da carta que ela me enviou nesse momento. Ela era muito especial para o grupo. Além de fundar a Cia., emprestava sua casa, era uma excelente atriz, uma boa pessoa, e tinha boas ideias. Certa vez, ela me contou uma história de que gostaria de ter uma casa de boneca. Esse era o sonho dela, e eu embarquei. Conversamos muito tempo sobre o assunto, e resolvi abrir para o grupo o sentimento da Núbia em relação à casa de boneca e decidi que faríamos um montagem chamada "Casa de Boneca". Fabinho disse que a montagem já existia e que era de Ibsen. Na ocasião eu boiei, mas fiz cara de que estava lembrando. A Núbia, por sua vez, defendeu a ideia, dizendo que uma coisa não tinha nada a ver com a outra, fiquei ainda mais confuso. Foi quando eu disse: "Se é diferente, por que não fazemos?" A ideia é a seguinte: "Vamos construir uma casa de boneca no decorrer do espetáculo, é a história real da Núbia." Mesmo com a Núbia sendo muito querida, ninguém abraçou a ideia, nem me lembro o que montamos no lugar. A Núbia ficou três anos na Cia. Fizemos juntos: "Navio Negreiro" (2001), "MK" (2002), "Não Adianta Falar" (2003), entre outras aventuras.

45

Depois de quase quatro anos na Cia., a Núbia estava para se formar na PUC, em Comunicação Social, e veio conversar comigo sobre o futuro dela, me disse um monte de coisa a respeito do ofício e eu estava cheio de planos com a Cia. que envolviam a Núbia. Ela saiu e iniciou-se uma debandada em massa, mas antes fizemos muita coisa juntos. "MK" foi a nossa primeira apresentação para a CDD, foi uma coisa genial, adaptamos a música do Bill, "Marquinho Cabeção", para o teatro. Tive muito cuidado para fazer essa peça, que revelou a Rafaela Baia. Ela fez par com Nino que fez o protagonista, o MK. A gente se divertiu tanto fazendo essa peça que, às vezes, eu choro ao lembrar de como foi bom. Primeiro, a começar pela adaptação, foi a primeira coletiva. Também criamos uns personagens, tipo brega, samambaia, eu fiz o Maumau, que era um birosqueiro da CDD. Havíamos começado a ensaiar na Associação de Moradores, os moradores já nos viam um pouco como agentes culturais, não necessariamente como artistas, muito em função da Cufa, na qual eu, Nino e Felha já estávamos mais atuantes, nessa fase. "MK" estreou em 1º de abril de 2002, num sábado, às 20h, e foi uma coisa inesquecível. A gente lotou o teatro e as pessoas reagiam a cada fala, era um sonho vivido ali, ao vivo e a cores. Não podia ser mais realista, por se tratar de um texto que retratava um personagem envolvido com o tráfico. Buscamos elementos cênicos para contar a história, e para isso, por exemplo, consegui uns fogos na hora que os "homi" entravam na peça. O Charles, do lado de fora do teatro, soltava fogos de verdade, era muito louco isso, hoje me pergunto como fizemos o MK tão benfeito, apesar da inexperiência. A favela na qual o MK morava era muito engraçada, duas placas de compensado grafitadas de favela, MK e outras coisas. Abrimos buracos no compensado que chamávamos de janela, era algo muito inusitado mesmo, mas o público amou e valeu muito ter feito no dia da mentira. Pensei no dia, justamente, para contrastar com o conceito de "dia da mentira", então a partir daí virou o dia da verdade, pelo menos nesse caso.

"MK" teve seu tempo na CDD e deu vez a outras montagens como: "Não Adianta Falar", na qual a Cia. resolveu protestar por um mototaxista que foi morto pela polícia com dois ou três tiros nas costas, enquanto trabalhava. Fizemos uma apresentação na praça principal da Cidade de Deus, e só ao final do espetáculo abrimos a boca. Após uma hora se apresentando na rua, em silêncio, quebramos o silêncio para cantar o Hino Nacional. Com mais de duas mil pessoas na praça, a cantar conosco, foi um sentimento ímpar. Nem eu acreditava na força daquela apresentação e o grupo, mais uma vez, mostrou a força da CDD no palco e passamos a ser reconhecidos na rua. Isso me deu muita força, no entanto à medida que o grupo ia ganhando força, ia perdendo componentes importantes, Fabinho, Flavinha, Nino, mas íamos ganhando outros e outros, também.

Anos se passaram e a peça dos mendigos não saía da minha cabeça, até que, lendo um livro de Lima Barreto, resolvi adaptar o conto "O Caso do Mendigo" em duas versões: "O Caso do Mendigo" para o palco, e "Mendigo não serve para nada" para ser encenado na rua. O segundo recebeu o convite do João Carlos Artigos e de Marcio Libar (ambos do grupo Teatro de Anônimo, de quem nos tornamos amigos e parceiros) para ser encenado no evento chamado Circuito de Teatro e Circo de Rua, no qual recebemos nosso primeiro cachê. Foi muito bom, deu muita força para o grupo e ainda compramos nosso primeiro som para os ensaios. Depois dessa apresentação, fiquei atrás de algo que fosse mais significativo. Após dois anos, recorri à Guida para uma orientação e ela me levou no Retiro dos Artistas, e me apresentou o Cico Caseira, um cara genial com quem me identifiquei imediatamente. Estávamos eu, Priscilane e Guida. O Cico pediu que eu voltasse na semana seguinte, voltei, fiz uma aula com o grupo dele no Retiro, a Cia. Espaço Caixa Preta. Muito conversamos e o Cico começou a dirigir uma proposta que consistia em juntar uma galera da CDD que, além de teatro, ou independente de teatro, eram artistas, aos artistas do Retiro. Assim, vieram parar no grupo velhos amigos de infância como o Mingau e o Zezé, um com a dança e outro com o rap. Fizemos, inicialmente, uma esquete chamada "exercício número" e a apresentamos no Festival de Esquetes do Retiro. Depois demos continuidade com um espetáculo que o Cico Caseira criou chamado "A Noia da Paranoia", um espetáculo muito bom, para o qual ensaiamos muito. Foi a primeira vez que a Cia. ensaiou tanto e, mesmo assim, apenas no ensaio geral, tivemos todos os atores juntos.

A Cia. sempre agregou atores de diferentes idades e lugares, então era sempre complicado porque, quando o ensaio rendia, as meninas mais novas tinham de ir embora, quando dava tiro parávamos o ensaio. E assim ia, até o dia da estreia. Esse espetáculo foi o primeiro dirigido por alguém de fora da Cia. Estreamos no Retiro do Artistas, na Caixa Preta, e foi um sucesso total, apesar de termos feito uma temporada relâmpago, apenas 15 dias, por dois fins de semana.

No espetáculo seguinte resolvi fazer com um time de atores menor, nos dois sentidos, atores menores de idade e em menor número no palco, apenas cinco, e todo o resto da Cia eu pus na técnica. O texto era da Alessandra Cifali, atriz paulistana, que fundou o grupo Trupe da Lua. Eles já haviam, inclusive, encenado o "Papo Calcinha" e depois feito a edição de uma peça junto a outras peças que foram lançadas no livro "Aids e teatro" pela editora Senac. Após ler o livro, pensei em montar três peças inicialmente, mas, no fim das contas, aproveitei minhas férias e me dediquei à montagem do espetáculo "Papo Calcinha" e, posteriormente, à produção do evento "Pague para Ver", que foi nosso primeiro evento independente. "Papo Calcinha" foi um espetáculo incrível, desde a ideia até a temporada, fazíamos debates após as apresentações, fizemos um belo cenário. O Clécio fez, na verdade, a Liz fez o figurino, o Cacau fez a trilha e eu a direção, e a peça seguiu com força. Eu e o Bill já estávamos para fazer um evento juntos, ele tinha o desejo de realizar mais coisas ali, ele sempre foi uma pessoa muito atuante, e tivemos a ideia de fazer um evento chamado "Pague pra Ver", em três etapas, de sexta a domingo. Sexta estreamos "Papo Calcinha" com debate, sábado tivemos oficina de teatro com Lázaro Ramos, de tarde e de noite "Papo Calcinha" e, no domingo, grande apresentação de "Papo Calcinha". Logo após, um show com MV Bill. Este foi mais um momento marcante para nós e para a Cidade de Deus, que, cada vez mais, participava de nossas atividades e das atividades da Cufa, vendo sempre como uma coisa só.

Depois de "Papo Calcinha", no mesmo ano de 2004, mas em agosto, a Cia. foi, junto com MV Bill, se apresentar no Criança Esperança, para o qual, dois anos antes, o Bill já havia sinalizado que seria ótimo trabalharmos juntos. Na época, tínhamos feito "MK" juntos, já que a música era dele e eu adaptei sem autorização. Naquela época eu nem sabia que deveria ter pedido autorização, achava que tudo era uma homenagem, mas, com o tempo, a gente aprende, e uma coisa que aprendi foi ser paciente. Quando o Bill me convidou para fazer uma apresentação (seria uma coreografia da música "Testemunho") com ele, no palco, em fevereiro de 2003, fiquei

01 - (20h:00) - Peça / Debate

01 - (15h:00) - Oficina de Teatro

Papo Cabeça

muito entusiasmado e quando levei a ideia ao grupo todos curtiram muito, mas, próximo à data, bem próximo, o Bill disse ao Nino que não aconteceria mais. Não me recordo o motivo, mas me lembro que foi uma frustração coletiva e os ânimos ficaram bastante exaltados. Os meninos e meninas da Cia ficaram furiosos com o Bill, foi o último ano de muitos membros. Lembro-me que o Nino me ligou e disse: "Meu cumpadre, fala aqui com o pessoal que está todo mundo querendo ir na casa do Bill saber o porquê de eles terem desmarcado a apresentação." Falei com eles e eles entenderam que, às vezes, as coisas não são como queremos. Em compensação, em agosto de 2004, fizemos nossa primeira participação com o Bill, no Criança Esperança, com a música "Soldado Morto". Eu e mais quarenta atores, fora o Bill, ao todo, éramos 42. Essa apresentação foi fundamental para mim como diretor, eu já estava mais maduro e pude conduzir o grupo bem até o dia do espetáculo e dar continuidade ao trabalho lá, no Ibirapuera. Ficamos muito felizes com o resultado, todos nós. Depois retornamos, em 2006, com a música "Falcão" e foi igualmente importante.

Mudamos de nome, criamos um curso para adultos — antes era somente para crianças e adolescentes —, apresentamos um espetáculo chamado "Os Virgens", com o qual obtivemos um sucesso muito prazeroso, e, principalmente, cada vez mais aproximávamos as pessoas da Cidade de Deus ao teatro. No elenco de "Os Virgens" dois dos três protagonistas moravam na favela, ali, em frente ao teatro. Isso me fortalecia muito, me fazia ter mais convicção e dar continuidade. Nesse ano, também, demos início ao nosso Círculo de Leitura Dramatizada e montamos um espetáculo que nos deu, além de prêmio, muita satisfação: "Paparutas", de Lázaro Ramos. Foi a primeira vez que resolvemos participar de algum festival e, logo no primeiro, tivemos a grata surpresa de sermos indicados a cinco das dez categorias, e levar duas: melhor ator e melhor iluminação; melhor montagem, produção e atriz foram as três outras indicações. Apresentamos "Paparutas" em vários lugares do Rio. Em 2008, tive a felicidade de criar algo que fosse nosso, e assinei a concepção do espetáculo "Prazer em Família", em março de 2009. Comemoramos o aniversário da Cidade Maravilhosa no palco do Karatê e no mesmo ano fizemos "O Burguês Fidalgo", de Molière. Esse é um fragmento do que somos e do que seremos porque, daqui, a gente ainda vai muito longe.

É importante dizer a origem do nome que passamos a usar. Depois da primeira apresentação, fomos nos aprofundar mais na questão do Navio Negreiro, afinal, era apenas nossa primeira experiência e esperávamos que se sucedessem outras e mais outras, então fomos nós, de pesquisa em pesquisa, assistindo a filmes, lendo livros, ouvindo histórias etc. Um dia, o Charles avistou, no filme "Amistad", uma palavra: Lomboko. Aquilo tinha uma sonoridade africana, e era exatamente do que precisávamos. A Cia. ficou, por cinco anos, com o nome Lomboko, até que, em uma reunião com o Celso, ele sugeriu Tumulto. Topei imediatamente, era um nome que dispensava apresentações. Durante anos tive de explicar que Lomboko ficava em uma ilha de Serra Leoa e era conhecida como a fortaleza de escravos.

A identificação com o teatro se deu mais forte em minha vida, já adulto, quando conheci o bando de teatro Olodum. Foi naquele momento que vi que o que queria mesmo era ter um grupo de teatro e dar meu depoimento sobre a vida. Eles estavam se apresentando no teatro Maria Clara Machado, na Gávea, no Planetário, e fui convidado pelo Felha, que tinha estado com eles em alguma atividade com o Bill. Eu saía da PUC em um horário que era impossível chegar a tempo, então fui atrasado mesmo. Chegando lá, encontrei Tânia Rocha que me deu uma bronca por chegar ao teatro naquele horário e me deixou em um cantinho, vendo de gretinha a peça. Mais tarde ela me liberou para ir para a plateia. A peça era o "Cabaré da Rrrrraça", espetáculo que nunca mais saiu da minha cabeça. Quando acabou a peça, fui apresentado a alguns integrantes do grupo: Braz, Lenon e Jorge. Trocamos uma ideia e depois ficamos de nos encontrar no hotel onde eles estavam hospedados, na Praça Tiradentes. Passamos um longo fim de semana juntos, fizemos samba no hotel, jogamos muita conversa fora. Havia, ali, um sentimento de semente que estava sendo plantada.

Fomos à noite para o teatro e eu, finalmente, assisti ao espetáculo todo. Fiquei extasiado, foi a primeira vez que eu vi, no teatro, algo tão forte, sensível e eloquente falando sobre o tema racismo. Era de tamanha honestidade a identificação com o espetáculo e com o grupo. Mas estava no fim da temporada quando firmamos essa amizade e, em pouco tempo, eles voltariam para a Bahia e eu ficaria aqui, com a missão de, um dia, voltar a pensar na ideia de ter um grupo. Eu estava muito tentado a isso. Por incrível que pareça, eles partiram e passamos os dias seguintes como se nada daquilo tivesse acontecido. Esquecemos a ideia do grupo, simplesmente, até que, passado um tempo, no mesmo ano, voltei ao teatro, dessa vez, na Fundição Progresso para assistir à estreia do espetáculo "A Roda do Mundo" e a estreia do próprio grupo Cia. dos Comuns, dirigida por Hilton Cobra. A peça tinha direção de Márcio Meirelles e coreografia de Zebrinha e eu estava ali, diante da minha realidade, não realidade do ponto de vista da história que estava sendo contada, mas da realidade de criar um grupo, na Cidade de Deus, com as pessoas de lá. "A Roda do Mundo" e "Cabaré da Rrrrraça", assim como Bando de Teatro Olodum e Cia. dos Comuns foram decisivos para que eu criasse a Cia. de Teatro Lomboko, hoje Cia. de Teatro Tumulto. Por isso, quando o amigo lá da PUC perguntou se eu tinha um grupo de teatro, eu respondi de imediato que sim. Eu já havia fugido da luta por duas vezes, não fugiria a terceira. Nada como um dia após o outro.

ME
QUA

CHAMOCK

Cap.06
Me chamo Quack

Mike Tyson - minha primeira vez...

Meu pai passava a maior parte do tempo assistindo a programas de esporte como debates, entrevistas, curiosidades e, principalmente, competição. Ele parecia uma espécie de comentarista que dominava tudo. Tinha vezes em que eu achava que ele tinha preferências, mas havia outras em que eu achava que ele gostava mesmo era de tudo, o que se confirmava com acontecimentos mundiais como Olimpíadas, Pan-americanos, Copas do Mundo, Mundiais de Fórmula 1, e ele estava sempre ligado. Eu, inclusive, participei de várias modalidades, como futebol e basquete, em função dessa aptidão do meu pai que, naturalmente, me influenciou. Cheguei a lutar boxe inglês e meu ídolo era o Mike Tyson, uma figura admirável. Meu pai e eu torcíamos juntos para o Mão Santa, Oscar, assim como torcíamos para a Jornada nas Estrelas ou a Viagem ao Fundo do Mar, que o Bernardo do vôlei fazia. Eu sempre ficava com meu pai, assistindo a tudo, tanto que, quando ele foi embora de casa, nunca mais fiquei em frente a uma televisão. Pode ser Copa do Mundo ou jogo do Flamengo, que não fico. Às vezes quando calha dele ir visitar os netos e ter jogo, eu ainda curto um pouco esses antigos momentos que tínhamos.

Eu tinha 15 anos quando comecei a querer namorar. Antes, ou melhor, desde a creche Mon Senhor Cor de Oli, eu sempre tive minhas namoradinhas. A Soraia, com quem eu ia parar embaixo da mesa na creche, é a única da qual me lembro. Ela era linda, um cabelo enorme, tinha mais altura que eu, uma criança adorável e, ao meu lado, se tornava mais adorável ainda, todos consentiam com nosso namoro. Depois dela só venho a ter lembranças da Lú, uma menina com cara de rato com quem eu tive a satisfação de conviver durante um tempo de minha adolescência. Íamos às festas caipiras juntos, dançávamos na quadrilha "Dançou, gamou", com o puxador Jackson.

Quando terminei com a Lú já estava indo para os 16 anos de idade e já pensava em ter minha primeira relação sexual, talvez mais por pressão dos colegas, não sei exatamente. Eu trabalhava em Copacabana nessa época e aquele monte de prostitutas perto de mim era outra coisa que me fazia pensar em acelerar o processo. Eu fazia parte de um quarteto no qual três já haviam iniciado suas vidas sexuais, um deles, até, mais novo que eu. Não tenho lembrança de como era essa pressão, mas sei que era uma pressãozinha, os moleques quiseram botar umas meninas na minha fita, mas eu não curtia a ideia. Geusué, nessa época, já estava quase casado. Torquato namorava umas meninas da pesada, envolvidas com roubos e tal, e o Tony era o galã da história. Eu sobrava, mas um dia eu subi o morrinho com eles e formamos um bonde, cada um ficou com uma. Eu não cheguei a transar naquele dia, mas já foi um estágio bem avançado. Decidimos voltar lá outro dia e formarmos novamente o bonde. Dessa vez, fomos para o colégio onde estudávamos, o Cimpa. Tínhamos descoberto que o banheiro da quadra externa estava aberto e fomos a minha quadrilha e a quadrilha delas para lá. Os arredores do Cimpa, que fica na Praça da Bíblia, no morrinho, é muito movimentado, então para entrar era uma dificuldade.

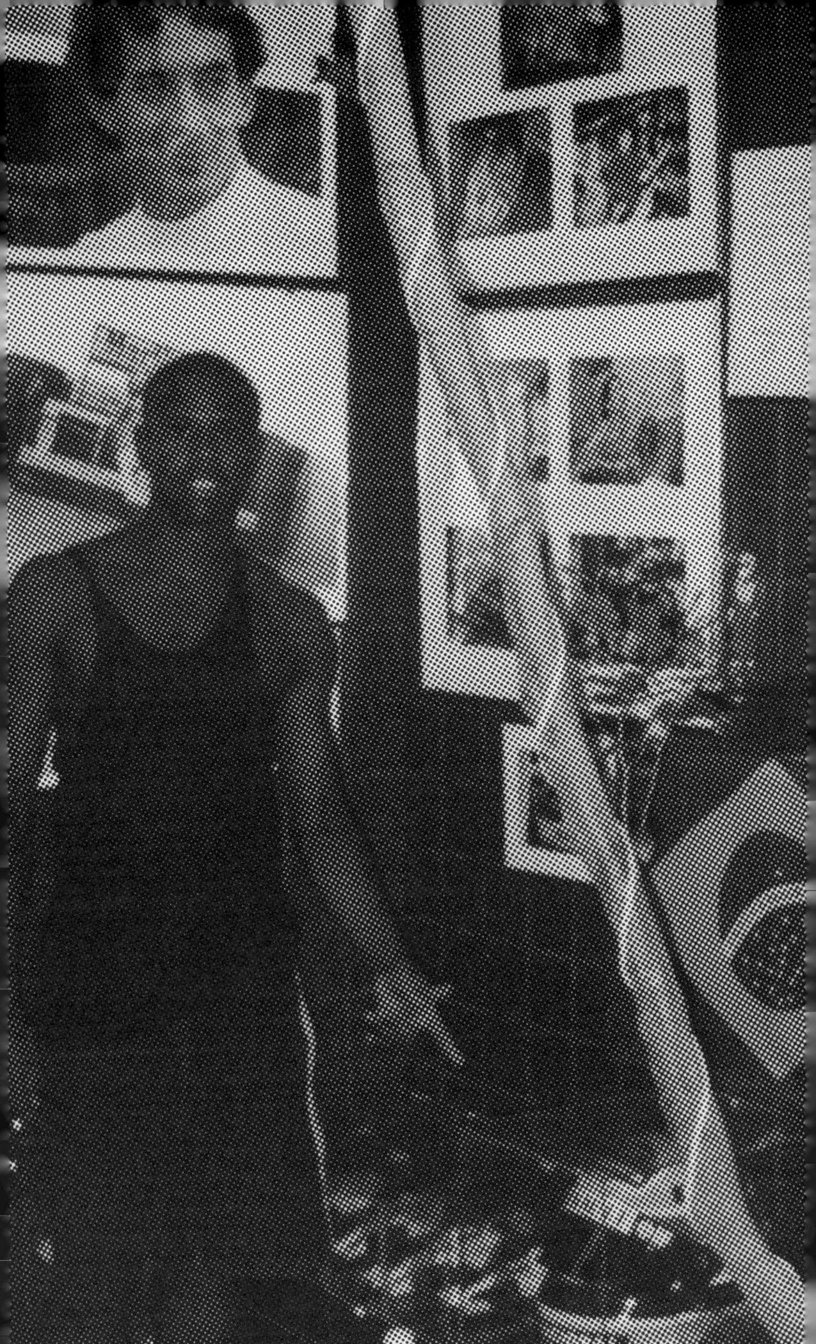

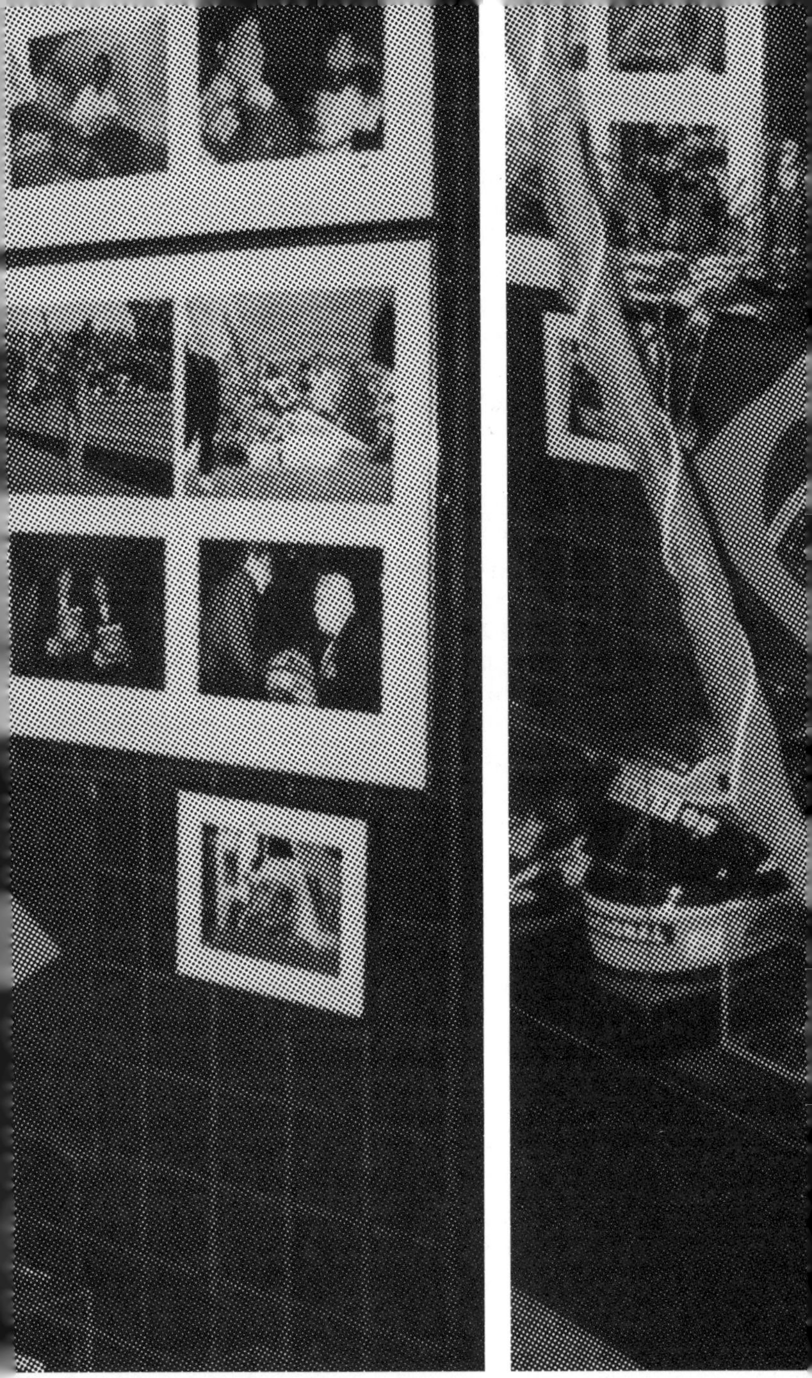

Como éramos muitos jovens, todos ficavam de olho em nós, até que bolamos o plano de pular o muro por trás e entrarmos sem sermos vistos, pelo menos pela massa, pois alguém veria nossa ação atrapalhada. As meninas entraram pela frente mesmo, como se fossem ver fantasmas ou coisa qualquer, e nos encontraríamos atrás da escola conforme combinado. Lá atrás decidimos que cada um ficaria atrás de uma pilastra e ninguém olharia para o outro. Eu sabia que isso não aconteceria, pois havia uma expectativa de que eu conseguisse, finalmente, ter minha primeira vez, então banquei o comportado e fiquei ali no rala, como chamávamos o namoro, mais era um rala quente, porque sou quente por natureza. De repente me deu um estalo e lembrei do banheiro aberto da quadra externa, acho que eles haviam esquecido, e saí o mais discretamente que pude para ir em direção ao banheiro. Abri o portão e fechei, sem fazer barulho, muito preocupado que alguém pudesse me ver. Como já tinha passado um tempo que estávamos ali passei a ter outra preocupação: a hora. Minha mãe tinha marcado comigo às 23h em casa, e já era 23h quando entrei no banheiro, sabendo que a tolerância da minha mãe era de 15 minutos. Mão naquilo, aquilo na mão, acabei perdendo a hora, as estribeiras e iniciando ali, no banheiro do Cimpa, minha escola, minha vida sexual, o que me rendeu um castigo de uma semana. Castigo esse que a menina nunca soube. Meus parceiros ficaram superpreocupados porque ninguém sabia onde eu tinha me metido, e eu só lembro de descer o morrinho flutuando e eles, na praça, com medo de ir para casa e ter acontecido algo comigo. Eles não haviam me falado, mas a menina que eles tinham colocado para ficar comigo tinha fama de bater nos meninos que não queriam ficar com ela, e eles a apelidaram de Mike Tyson.

Quando cheguei são e salvo na praça, com ar de felicidade estampado, eles respiraram fundo, me pediram desculpas, não sei de quê, já que não sabia que eles estavam me zoando colocando a Mike Tyson na minha fita. Nem precisei dizer para eles que tinha corrido tudo bem, estava estampado na minha cara. Minha mãe estava deitada quando cheguei e meu pai estava na sala. Minha irmã, contrariando a regra, já estava em casa, só faltava eu. Meu pai nada disse, minha irmã também não, só minha mãe que veio até o quarto e disse:

— Você está de castigo!

Eu nada respondi, subi para a minha cama de beliche improvisada e fiquei olhando para o teto, lembrando da Mike Tyson. No outro dia, quando acordei, era domingo de sol, levantei por volta das 10h e meu pai já estava na sala vendo a corrida. Tomei meu café, sentei ao seu lado, vi a corrida, não dei uma palavra, diferente de como fazia sempre, fui ao banheiro tomei um banho e fui em direção à porta, para descer. Eu me sentia um homem adulto, minha vida havia mudado, a Mike Tyson tinha me transformado noutra pessoa; eu, agora, era como um super-homem, e fui em direção à porta dizendo:

— Gente, vou aqui embaixo.

Minha mãe gritou da cozinha:

— Anderson, você está de castigo. Esqueceu da hora que você chegou ontem?

Nesse instante passou um filme da minha vida, eu viajei para o Cimpa e reconstruí aquela história toda na minha cabeça, ali, parado, ouvindo minha mãe dizer que eu estava de castigo. Procurei meu pai com o olhar e ele não estava mais na sala. Fiquei atônito e pensei no quão rápido foi desconstruída a ideia de que eu não era um homem formado só porque havia transado. No meu caso era um conjunto, eu já trabalhava, era bom aluno na escola, na minha cabeça eu tinha responsabilidades e, agora, eu ainda tinha transado com a Mike Tyson, mas minha mãe queria mais, queria que entendêssemos quem mandava e quem educava. Talvez fosse esse o recado que meu pai quisesse dar saindo da sala e me deixando ali, só, para refletir sobre aquela atitude. Eu sabia que esse castigo atrapalharia o desenrolar do meu relacionamento e o pior era que, agora, corria o risco de eu apanhar da mulher, por faltar o compromisso, em função do meu castigo. Aquele domingo foi inesquecível para mim, até aquele dia, nunca tinha refletido tanto na vida. Foram sete dias de castigo que pareceram sete meses.

Quando retornei ao convívio social tive uma surpresa, a menina me recebeu de braços abertos, disse que estava com saudade e que nunca havia sentido por alguém o que sentiu por mim, e eu vi a Mike Tyson virar uma gatinha, bem na minha frente. Eu achei, simplesmente, inacreditável e comecei a agradecer silenciosamente a Deus por minha mãe ter me colocado de castigo, pelos meninos terem me apresentado a ela, foi um momento emocionante. Ficamos um tempo juntos, mas as pessoas não acreditavam naquele namoro. Ela era mais velha, mais braba, alguns achavam que ela me obrigava a ficar com ela, o que eu achava um absurdo. Com o tempo eu pude conhecer melhor aquela mulher, menina sofrida, e descobri o que estava por trás daquela aparência. Ela morava onde é considerada a classe média da Cidade de Deus, no entanto, sua família era muito problemática. Havia muita falta de dinheiro que estava ligada, diretamente, ao fato de seus pais e irmãos usarem álcool e drogas, ela era a terceira de quatro irmãos, tinha uma caçula, que ela tomava conta. Eu era muito novo para aquele ambiente, não tinha como ajudá-la e, apesar de sofrer junto com ela, nosso relacionamento acabou. Senti-me culpado porque sabia que eu poderia ajudá-la, mas, ao mesmo tempo, não tinha como, nem meios, nem estrutura para tal.

Minha outra namorada, antes dela, tinha problemas parecidos, e depois tive outras assim também, é a depressão que atinge a maior parte das pessoas que mora em favelas. Após o fim de nosso namoro, passamos a nos ver e nos falar muito raramente. Ela largou a escola, passei a vê-la pouquíssimo, ela enveredou pelo caminho das drogas, e, com isso, pariu filhos de pais diferentes, aumentando cada vez mais o consumo de drogas e os diferentes tipos de droga, até chegar ao crack. Hoje, ela é uma moradora de rua viciada em crack e eu, de vez em quando, cruzo com ela abaixada, revirando lixo para comer. Os vizinhos tentam a todo custo ajudá-la, mas, até agora, sem sucesso. O crack tem sido mais forte.

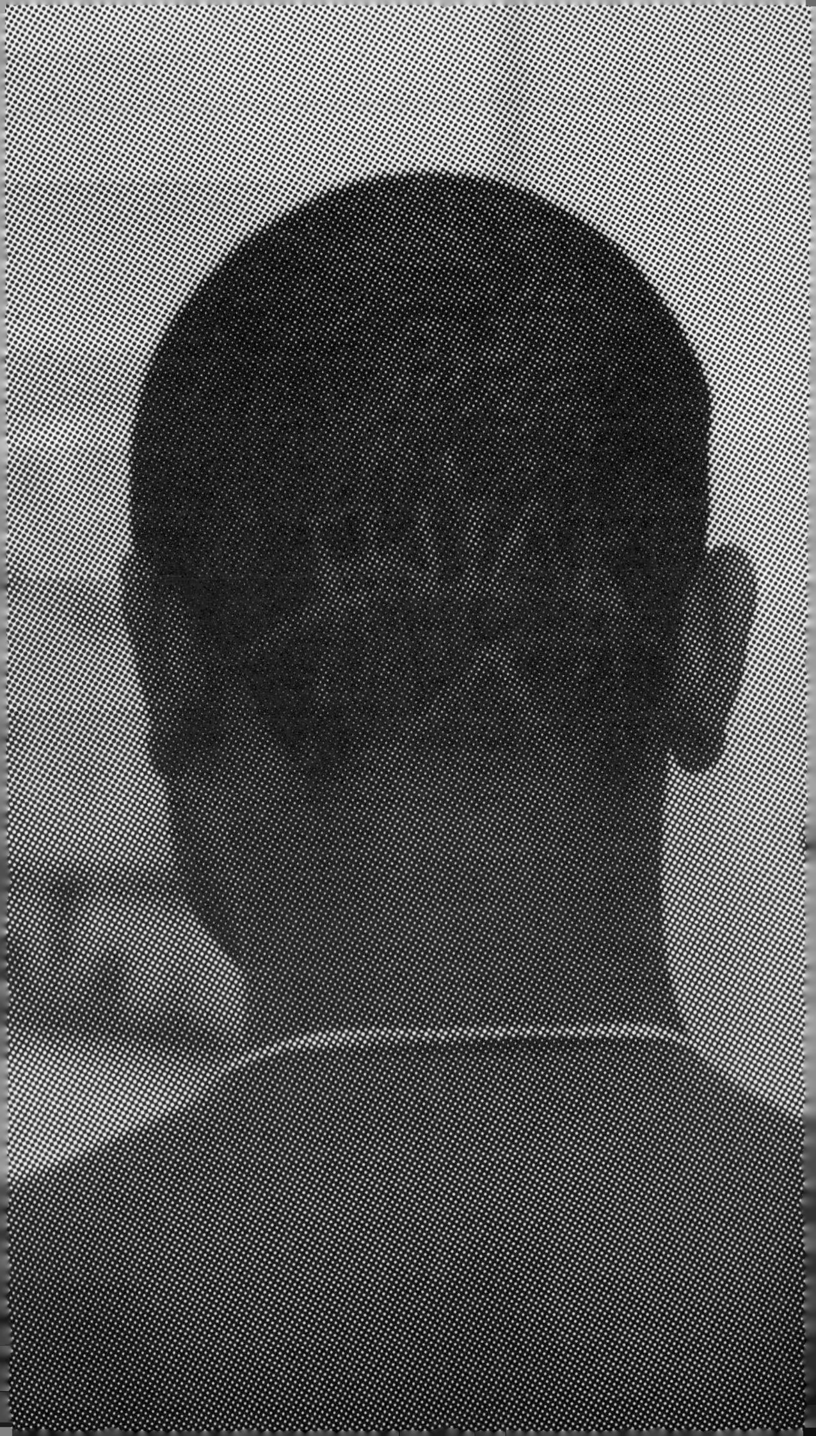

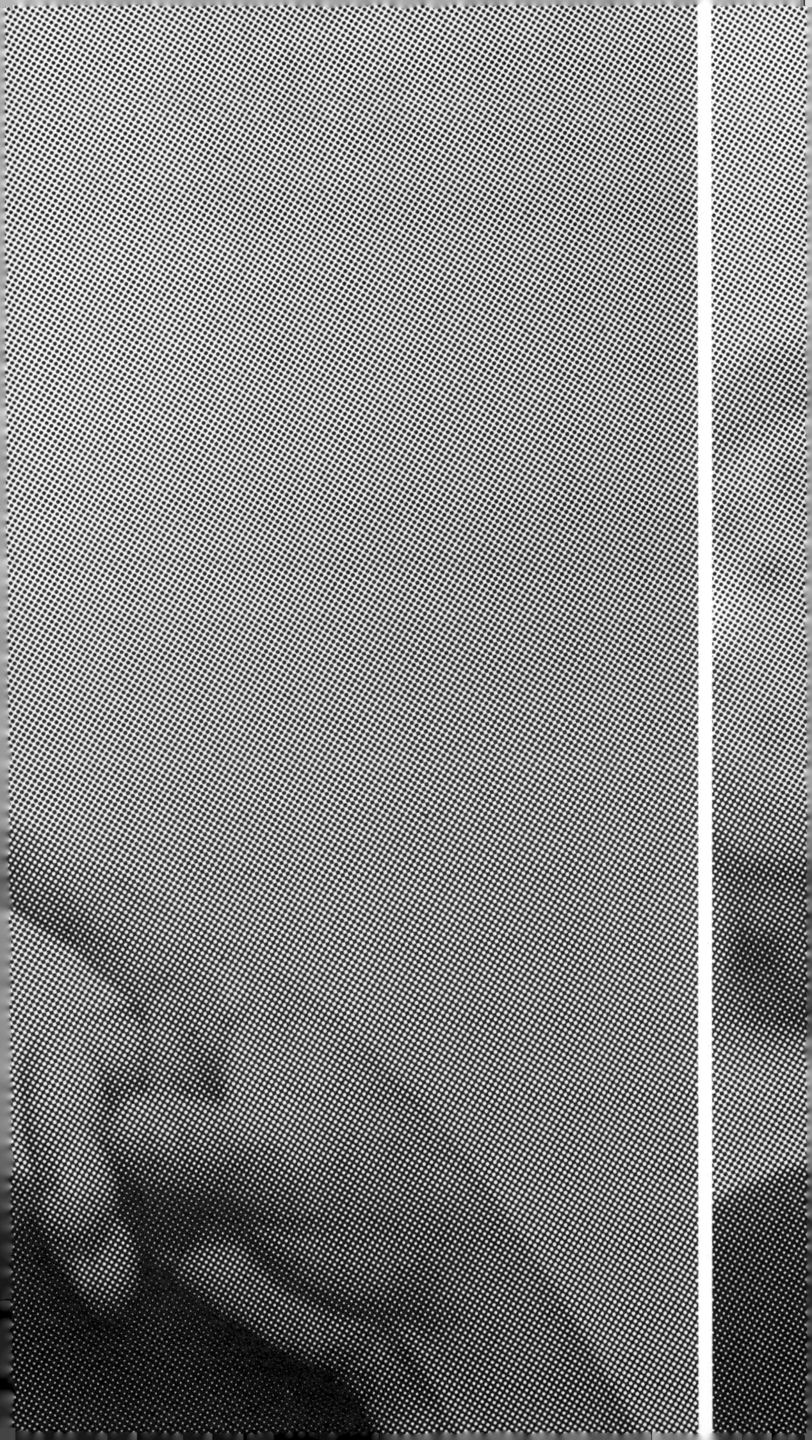

Desde os sete anos

Nasci e me criei na Cidade de Deus. O ano era 1977 e eu era uma criança esperada, pelo meu pai, minha mãe e minha irmã. Nasci na primavera, entre as flores. Minha mãe deu à luz, exatamente, às 23h45 de uma sexta-feira. Nasci próximo à Lapa, em uma maternidade que não existe mais, e talvez por isso eu goste tanto da Lapa. Quando saí da maternidade fui para a casa da minha avó, no bloco 8, apto 301, que fica em frente ao bloco 9 e do lado esquerdo do bloco 7 e do direito do bloco 10. Da janela da sala e dos quartos, víamos o morrinho e a Praça "Te Contei". Víamos, também, os tiroteios entre traficantes e a invasão policial. É difícil ter uma história de um morador que não passe pelo tráfico ou pela polícia. Minha mãe e minha avó Creusa sempre reclamavam quando fazíamos isso: "Menino, tá dando tiro e você corre para a janela?". Era algo automático, eu não tinha desejo algum de ver aquelas cenas, muito pelo contrário, eu as temia, no entanto, no outro dia, na escola, todos comentariam aquele fato, então, tinha também um quê jornalístico. De toda forma, minha avó e minha mãe não consentiam com essa maluquice.

Sempre que tinha alguém morto eu desviava o caminho. Ainda assim, cheguei a ver muitos cadáveres pelo chão ainda sem jornal, plástico preto ou lençol. Teve um que eu era bem novinho, e não saiu da minha cabeça, o Monstrinho. Ele foi morto em um dia de muito sol e caiu no meio da Rua Daniel, próximo ao bloco 20. Eu tinha de passar ali no caminho para a escola e não sabia que ele estava ali, morto. Bati de frente com ele no chão, e tenho essa imagem até hoje na minha memória. Era um homem branco, muito alto, eu tinha medo dele só pelo apelido, "Monstrinho". Subi para a aula e deixei o Monstrinho lá, no chão quente, sem camisa, descalço e com o corpo crivado de balas. Ele caiu bem perto do poste, a arma dele alguém deve ter pego. Quando desci da escola o rabecão estava, justamente, tirando o corpo do Monstrinho e eu passando ali, na hora, quando os bombeiros o pegaram. A pele dele foi ficando no asfalto quente e as pessoas dizendo que ele não tinha sangue, porque, normalmente, ficava uma poça de sangue perto dos defuntos. O do Monstrinho não, realmente, foi esquisito. Fui para casa com o Monstrinho na cabeça. Quando deu por volta de oito da noite comecei a ver aquela cena em todos os cômodos da casa e, como não eram muitos os cômodos da minha casa, parecia que o Monstrinho estava ali comigo. Esse foi mais um dia em que dormi com meus pais, fiquei a semana seguinte inteira dormindo com eles, foi horrível. Quanto mais eu tentava esquecer o Monstrinho, mais vinha aquela imagem dele no chão e, depois, acredito que o que me fez ficar tão assustado com isso foi a marca do corpo dele ficar, durante muito tempo, no chão. Na favela é assim, a gente fica sempre falando "Fulano caiu ali, beltrano acolá" e isso fica no imaginário, mas alguns vão ver e descobrem o morto, contam os furos. Eu não podia nem passar perto. O Monstrinho só saiu da minha cabeça definitivamente quando me deparei com outro defunto, mas esse não vou contar, porque receio que eles voltem a fazer parte do meu imaginário.

O Bloco 8, na parte da área de serviço do AP da minha avó, dava para as Triagens. Dizem que as Triagens foram feitas para moradias provisórias, enquanto a Ceab construía as casas de verdade. Entre as triagens e o AP havia uma ponte, que, na realidade, era uma verdadeira passarela e eu me ocupava horas na janela, vendo as modelos passarem. Uma coisa de louco, muita gente bonita e sem muita produção. Não havia a diversidade estética de hoje, era, no máximo, um henê no cabelo, um batom na boca e só. Era uma época na qual as unhas e os cabelos eram feitos nas casas das pessoas e não existia o boom de salões de beleza que existe atualmente. Minha mãe mesmo fazia unha para fora, como elas chamavam, mas fazia para dentro também, e isso ainda permanece. Algumas manicures vão às casas das clientes, e alguns clientes vão às casas das manicures, no entanto, o número de salões de beleza se multiplicou e a profissão ganhou mais estabilidade. Eu só não gostava de falar "pedicure", tinha muita implicância com essa palavra. Sempre que passava por uma casa com essa escritura eu resmungava. Só depois de muito tempo que vim a descobrir que pedicure estava relacionado à fazer a unha do pé, e quando descobri isso, passei até a curtir mais a ideia. Hoje, sinto falta porque não se usa muito mais essa expressão "pedicure". Também quem mandou eu ficar resmungando?

Não sinto saudade das vezes em que, acidentalmente, me deparava com gente morta, sequer dos vários tiroteios cinematográficos que presenciei e nem da época que minha mãe era manicure e pedicure. Tenho saudade sim da época em que eu ganhei o apelido Quack. Eu tinha 7 anos quando, pela primeira vez, fui chamado assim, de "Pato Quack". Um vizinho meu, o Paulinho, filho da Darcy, era muito bom em matemática, pingue-pongue, basquete, futebol e as meninas abriam concorrência para tê-lo. Eu vivia com eles, com os mais velhos, em geral, achava que, assim, eu seria respeitado pelos meninos da minha idade, então ficava sempre próximo ao jogo de ronda, o Pif, eu gostava de ouvir as histórias que eles contavam e, apesar deles não gostarem da ideia de que eu ficasse ali, aos poucos se acostumaram e também gostavam de me ouvir falar. Sempre fui metido a coroa, a ser enturmado e a contar história.

Depois que me deram esse apelido ninguém nunca mais me chamou de outra coisa, só me chamam assim: Quack. Durante muito tempo foi Pato Quack, depois ficou só Quack. Eu gostei do nome, achei simpático, realmente assistia todos os dias o Pato Quack, nos desenhos da série "A Corrida Espacial do Zé Colméia", então me identifiquei. Um tempo depois eu ouvi falar de uma história de que os apelidos surgiram na época da escravidão, para tornar os escravos pessoas sem referência familiar. Eu não sei se é verdade, mas faz sentido. Quem é do asfalto costuma se chamar por nome e sobrenome e os favelados, por apelido, coisas curiosas que nos deparamos.

Os anos se passaram até o momento em que tive de decidir como seria meu nome artístico ou qual sobrenome escolher. Tentei, confesso, usar aqueles de batismo, mas todos me conheciam como Quack, onde quer que eu tenha passado. Tentei primeiro Anderson Oliveira, fiquei durante um tempo, para experimentar. Achei muito sem sal, depois fui para Anderson Alves, esse, por sua vez, ficou muito formal. Nem eu, diante do espelho, via refletido o tal de Anderson Alves. Anderson Luiz nem cheguei a cogitar, então, pensei: Vou usar o nome da minha avó Creusa, faço uma homenagem e ganho um nome bacana, ficaria, então, conhecido como Anderson Nascimento, mas a combinação de "n" de Anderson, e "n" de Nascimento me fez voltar atrás e decidir, finalmente, por assumir, não como um apelido, mas como parte de mim, o Quack. Anderson Quack.

A grafia do meu Quack ainda sofreu alteração até pouco antes de escrever esse livro e resolver que incluiria o "c". Antes era Quak, porque o personagem que deu origem ao meu nome escreve com "ck" e eu achava que apenas com "k" era mais original. No entanto, a minha vida pública fez com que eu passasse a ter outro olhar sobre o "ck" — e como alguns me chamavam de Aveia Quaker —, resolvi, então, remeter o meu nome ao simpático Pato Quack, que traz todas as boas lembranças de criança e fugir de vez da comparação com a Aveia Quaker. Por isso que hoje o Quak se chama Anderson Quack.

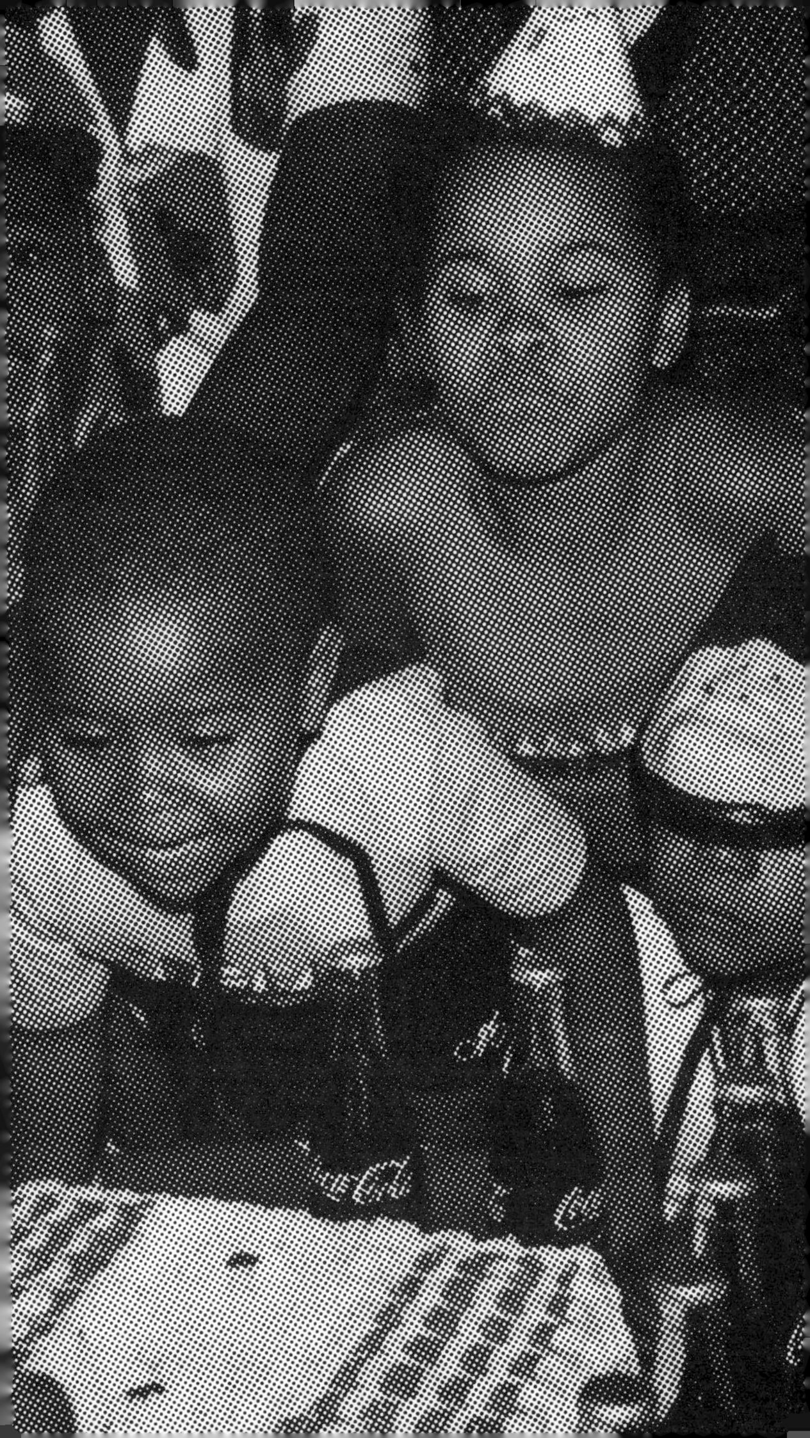

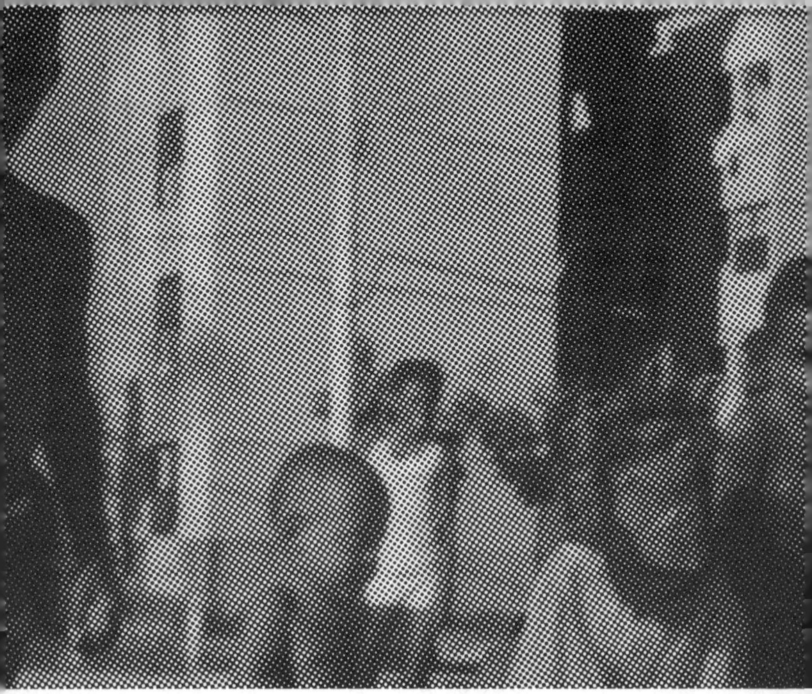
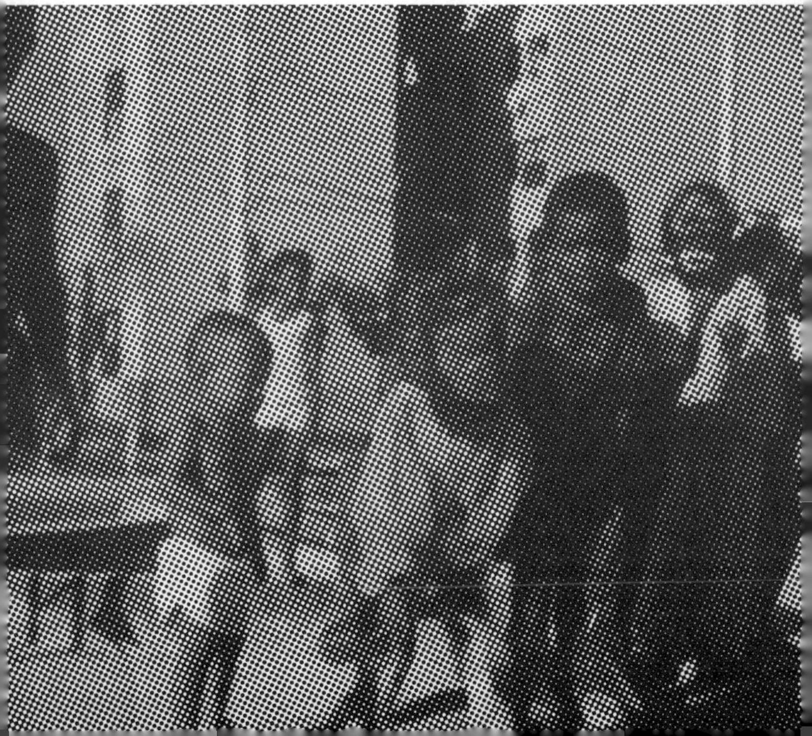

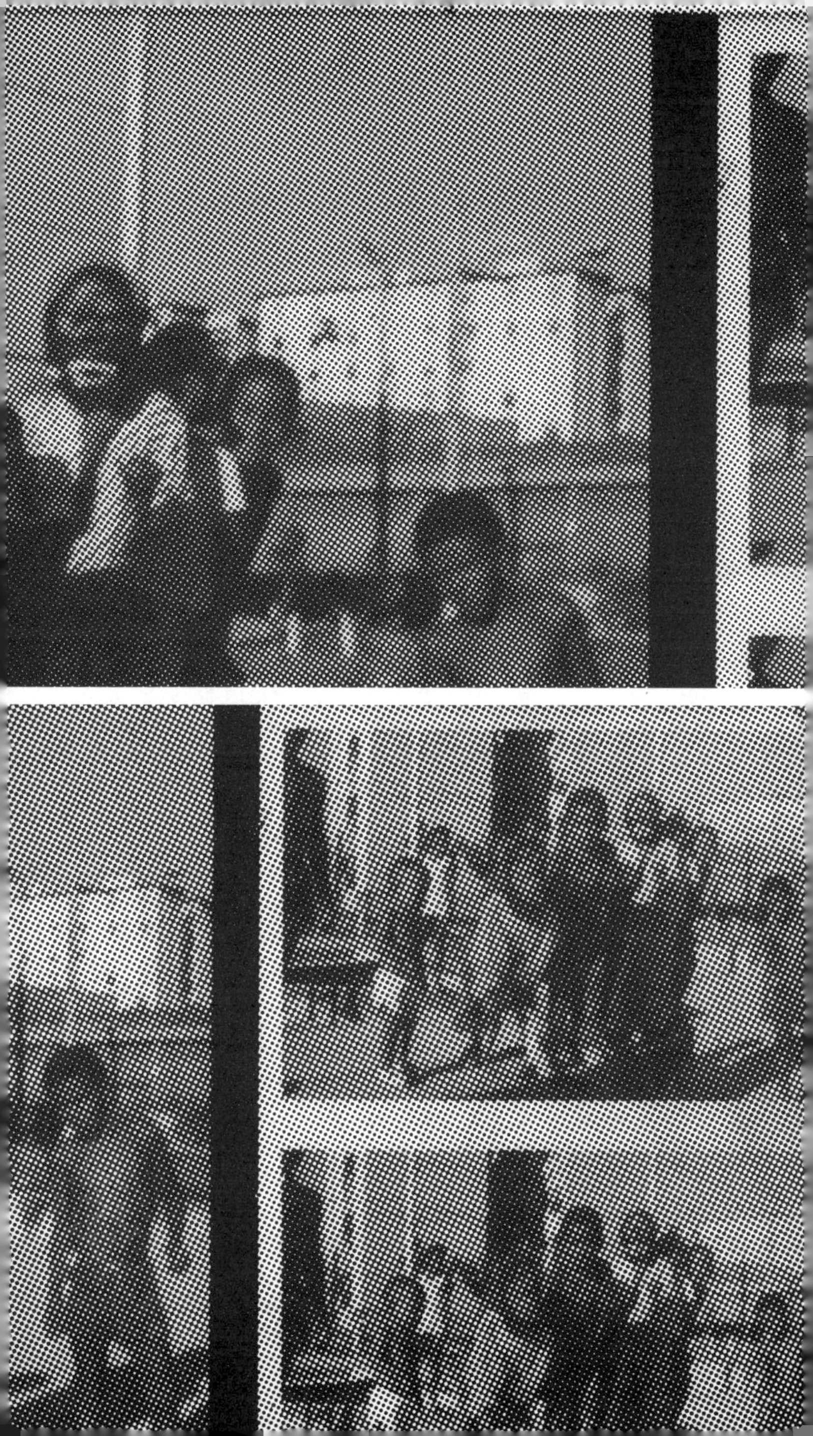

Botando o bloco na rua

Quando comecei a dar meus primeiros passos, sozinho, na Cidade de Deus, houve algumas pessoas que me abraçaram nessa caminhada. Uns eram amigos, outros, amigo-urso. Havia uns padrinhos, umas madrinhas, e isso se dava muito pelo fato de meu pai ter contexto na favela. Embora eu nunca tenha me prevalecido desse contexto para nada, talvez porque meu pai, mesmo sem dar uma palavra, me ensinou com suas atitudes. Minha relação com meu pai sempre foi de poucas palavras e muitas atitudes. Quem era de falar lá em casa era minha mãe e é até hoje. Foi com ela que aprendi a me comunicar do meu jeito, sem ter vergonha de onde vim ou de quem sou, porque ela sempre nos disse o quanto éramos importantes para ela e o quanto éramos bonitos. Foi assim, também, que ela nos ensinou a importância da família nos levando sempre para conversar com meus avós. Mas meu pai não, único olhar, único gesto e, apenas se fosse muito necessário, ele fazia uso da palavra. Por andar muito com meu pai eu tinha uma determinada moral na favela, andava com ele por todos os cantos. Fazia questão, e com isso conheci o mundo a tempo de escolher um caminho, opção rara dentro da favela, local onde as opções são pouquíssimas.

Meu pai é a pessoa mais dócil que já conheci, apesar de falar muito alto como se estivesse brigando. Um bom exemplo disso: ele tinha um compadre, já falecido, o Ivanildo, que tocava surdo como ninguém e deixou isso como legado para seu filho, o Rodrigo — afilhado de meu pai —, que não somente toca surdo, mas todos os instrumentos de uma escola de samba. Ele é a peça-chave no Coroado, bloco no qual me inspirei para fazer meu primeiro curta. Meu pai e o pai do Rodrigo, quando estavam conversando, sai de baixo, parecia briga. Quando ele estava a se aprontar para sair eu também estava, e sempre às pressas, para cercá-lo na porta, porque nem sempre ele era solícito quando se tratava de me levar junto. Mas eu acreditava que éramos o Gordo e o Magro, ou mesmo o Batman e o Robin, enfim, uma dessas duplas inseparáveis que conhecemos. Não me lembro se minha mãe me dava força para minha atitude suicida de querer, a qualquer preço, sair com meu pai. De toda forma não me lembro de um só dia em que ela tenha dito para eu não ir, a não ser quando meu pai pedia a ela para interferir. Em uma noite de carnaval, ele estava esperando que eu dormisse para sair, só que, naquela noite, eu não dormiria, porque como em tantas outras vezes eu o acompanharia onde e com quem quer que ele estivesse, eu tinha certeza. Meu pai, então, decidiu encarar a fera. Sair na marra. Tentou me levar nos peitos. Ledo engano, comecei dizendo que já estava pronto e ele, que não me levaria. Eu insistindo que não tinha de pegar mais nada, já estava pronto, e, por fim, ele disse: "Anderson, você não vai, eu vou sair, é carnaval, é perigoso e você é uma criança e criança tem que ficar em casa e blábláblábláblá". Eu comecei a argumentar: "Mas, pai, amanhã não tem aula, eu ainda não usei meu bate-bola de noite, eu quero ir com você", e ele dizendo que aquilo estava fora de cogitação. Aliás muitas das palavras que eu falo hoje vêm do vocabulário do meu pai, que sempre falou de forma rebuscada, ampla e precisa. Não sei de onde vem esse vocabulário dele, mas acho que das canções que ele compunha. Eu insistia, argumentando, e ele insistia em dizer não. Fui ao banheiro, alguns segundos depois escutei um som, muito longe, de porta batendo, suspeitando ser meu pai comecei chamando por ele: "Pai... pai... pai...". Depois gritei, quando constatei que ele não estava mais em casa, que havia saído para o desfile do Coroado. Eu, simplesmente, experimentei uma dimensão que não lembro de ter experimentado novamente. Meu pai amava muito sua família, cuidava muito bem de nós, tenho uma família muito especial, apesar de não termos dinheiro para nos divertirmos. Minha mãe sempre nos levava para passear no Jardim Zoológico, no Parque da Cidade, à praia e ainda por cima levava meus amigos, primos e amigas da minha irmã. Na minha vida, com meus filhos, procuro seguir tudo o que eles me ensinaram, toda gratidão e amor pelas pessoas vieram deles, dos meus pais, e, especialmente, da minha avó Creusa.

Naquele dia de carnaval, em que eu alcancei outra dimensão, meu pai estava sem carro, o fusquinha vivia impossibilitado de dar partida e nesse dia, graças a Deus, não foi diferente, pois meu pai pôde, sem o barulho que o ronco do motor 67 fazia, ouvir meu desespero e teve a sensibilidade de ficar aguardando por meia hora até findar-se meu choro ensurdecedor, que chegava a incomodar não só à minha querida irmã, que chorava comigo tentando me acalmar, e à minha mãe, ao ver sua prole sendo punida severamente por um crime que não cometeu — pelo crime de seu filho amar o pai com todas as forças. Ali naquele ato insano se descortinava uma nova história entre mim e meu pai. Meu pai nunca foi de chorar. Eu, pelo menos, nunca vi. Já o vi muito abatido, por duas vezes, mas só. Quando ouvi, naquela noite de carnaval, a porta se abrindo e meu pai entrando vestido com trajes carnavalescos de posse de seu inseparável tamborim, comecei a chorar ainda mais. No entanto, esse choro já não doía mais, porque meu pai estava abraçado a mim e eu a ele, e ele só dizia: "Filho, eu tô aqui." Nunca mais me esqueci daquele retorno, daquele abraço, daquele carnaval. Naquele dia eu e meu pai escrevemos uma nova história, uma história que nunca terá fim, uma história na qual pai e filho nunca mais se separaram, na qual eu possa acompanhar meu pai, defendê-lo, protegê-lo e amá-lo de perto, como muitos não conseguem. Depois que me acalmei, fomos para a cama. Eu ainda receava que ele saísse quando eu, fatalmente, dormisse, porque eu não conseguiria ficar de sentinela a noite toda e, como tantas vezes, dormi, ali, enganchado no meio deles, pai, mãe e filho.

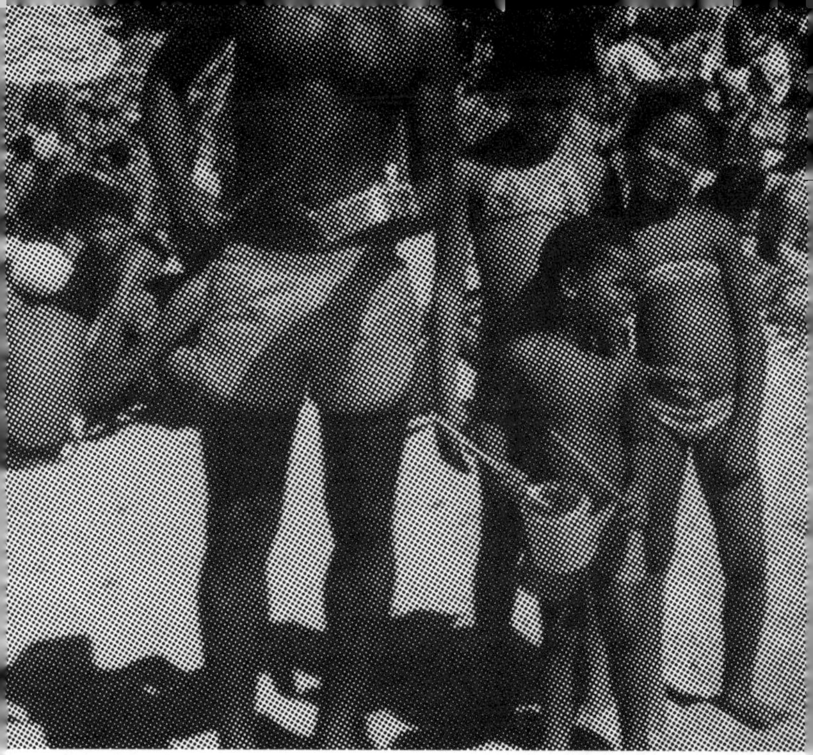

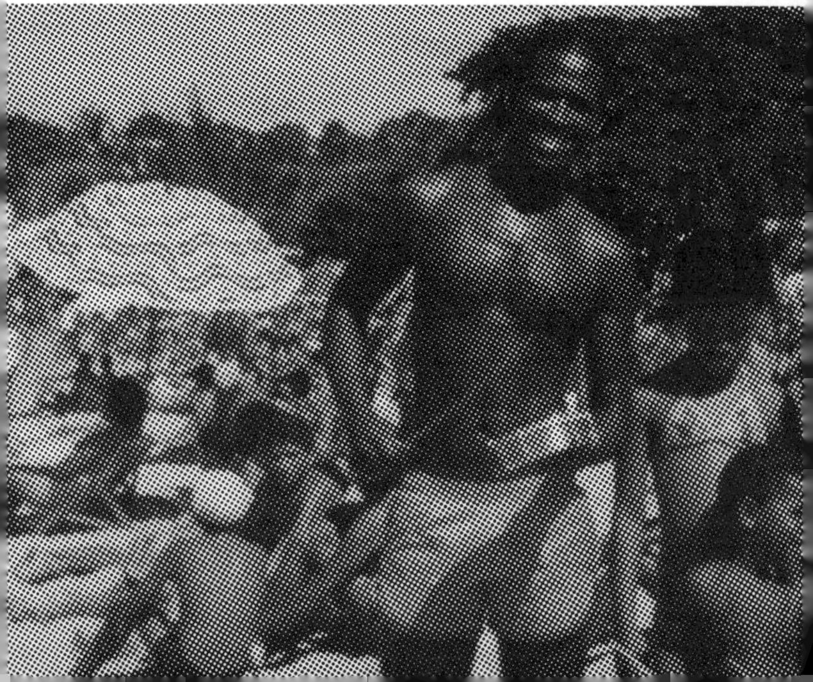

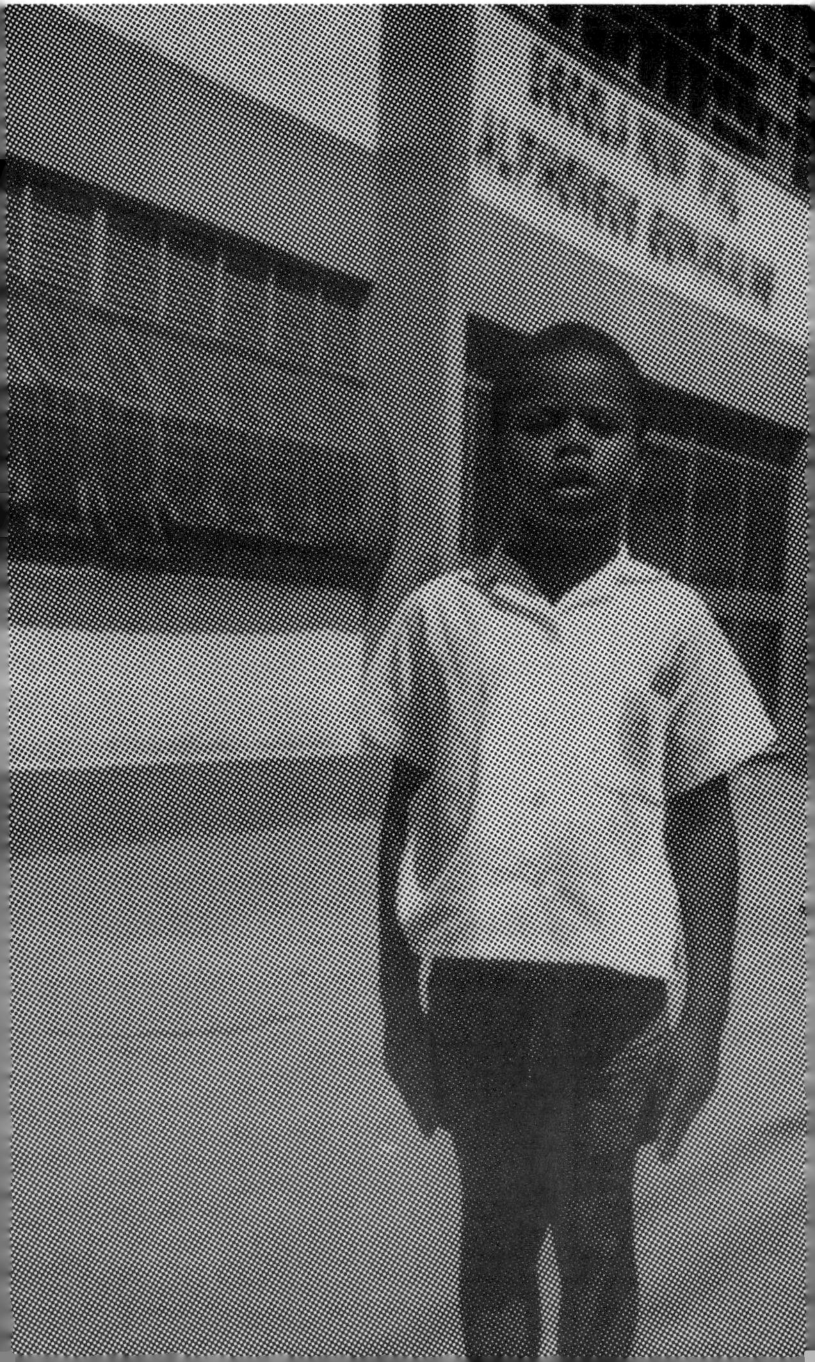

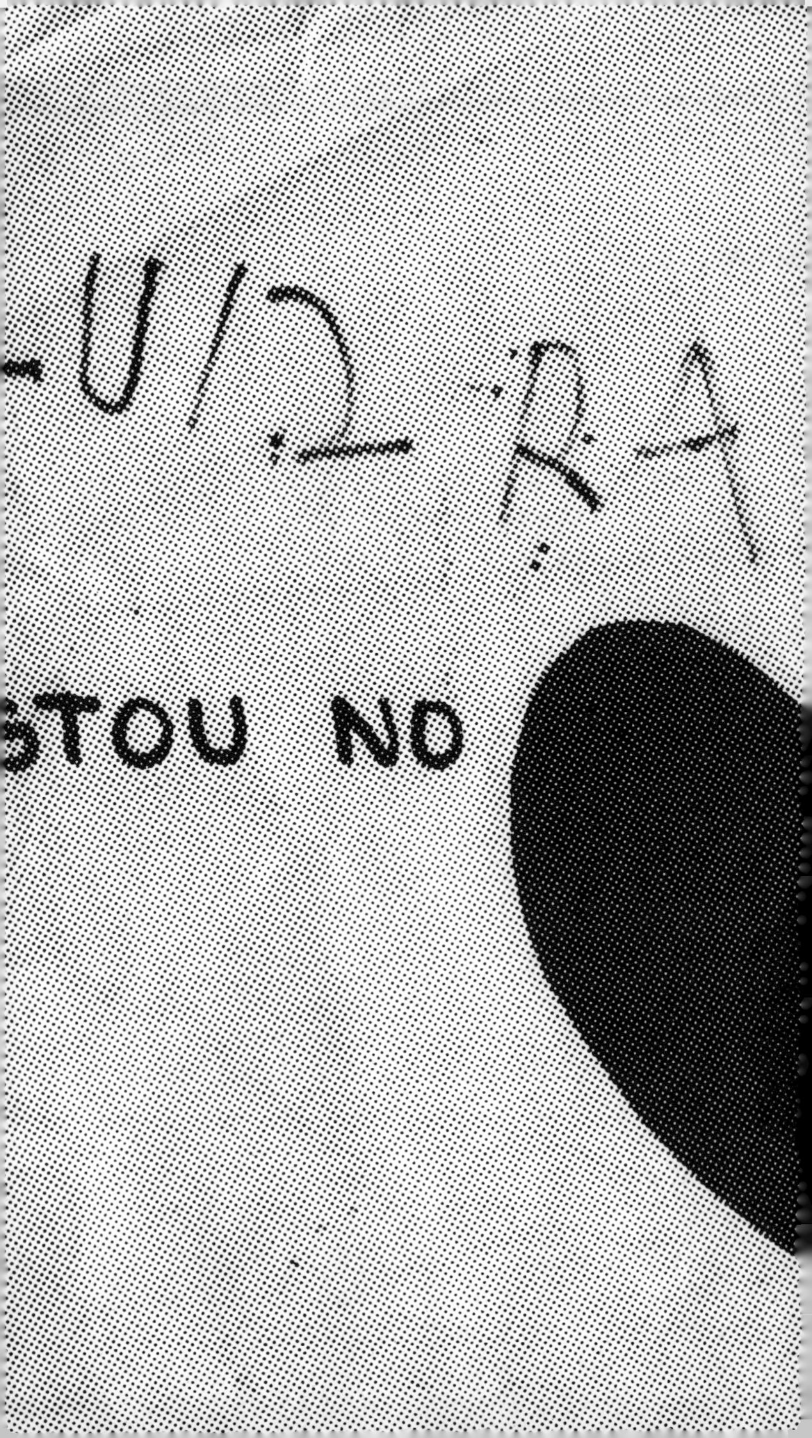
STOU NO

AEL

DO PAPAI

BAI
LE

nk

Cap.07
Baile funk

FUNK

Meu tio Clemente foi, durante muitos anos de sua vida, segurança de baile funk. Eu fui influenciado por ele a seguir o caminho dos bailes. Em uma favela o que predomina é o funk. Portanto, não resta outra alternativa que não seja se tornar funkeiro, talvez não de carteirinha, mas funkeiro. O baile funk, fundamentalmente, é um lugar de liberação e de manifestação. Fui para dentro dele viver o que ouvia meu tio contar e curtir o que tinha na noite.

As transformações no baile funk são muitas. Na época de segurança do meu tio Clemente, no baile do clube Magnatas, com a equipe Cash Box, os funks eram, essencialmente, gringos, não havia sequer uma versão nacional das batidas gringas. Passado algum tempo, surgiu o baile do Ginásio de Madureira, e foi quando começaram a entrar os primeiros "gritos" de galera no Baile, a galera do "faz quem quer". A expressão ganhou força porque bondes vindos de Vaz Lobo e outras galeras gritavam no baile o nome de seus bairros. Surge o primeiro vinil de funk nacional, Ademir Lemos e MC Abdula são alguns dos protagonistas desse LP. Nesse LP tinha o Melô do Arrastão — "Esconda a grana, o relógio e o cordão, cuidado, vai passar o arrastão". O Movimento Funk Club surge nesse mesmo período com o funk: "Eu moro longe, pra lá de Nova Iguaçu, se você não gostou, sai da Zona Sul". A matinê do Coroado de Jacarepaguá, Cidade de Deus, foi o local onde ouvi pela primeira vez essas canções.

Os bailes funks se proliferaram na cidade do Rio de Janeiro quando eu cheguei à adolescência. Anos 1990, Baile do Boêmios de Irajá, um dos primeiros bailes de festival de galera, primeiro baile com lado A e lado B e primeiro baile a que fui escondido. O festival de galera era para ser uma coisa superpositiva, mas, infelizmente, acabou se demonstrando nocivo para a juventude de milhares de favelas. A ideia de gincana das galeras era o que deveria ter prevalecido, de forma saudável, e não a violência, essa sim, acabou sendo a grande vencedora. Mesmo assim, muitas favelas chegaram a vivenciar, por um período curto e marcante, festivais sadios. Nós nos preparávamos para os bailes dos pés à cabeça, literalmente, desde os tênis de marca, passando pelas meias, calça mostrando o cofre, camisa, cordão, boné, até os cabelos loiros, ou careca desenhada, os anéis, os relógios, sem deixar nada de fora. Os cabelos enroladinhos estavam saindo de moda, mas ainda víamos muitos, e íamos, com toda energia que há nos jovens, para os bailes.

Os bailes eram aos domingos, no fim da tarde, e no verão era uma coisa de louco, tanta gente bonita, cheia de vida, pessoas de bem. Quando chegava a hora do grito da galera, e essa sem dúvida é a coisa mais arrepiante que já senti, cada um gritava o nome de sua área e seu orgulho de fazer parte dela. Com o passar do tempo, o número de jovens naqueles bailes aumentou muito, além da violência dentro dele e no entorno, mas a questão maior, acredito, foi a falta de estrutura para atender ao público. O espaço não tinha cobertura e era muito pequeno para toda aquela gente, até que ele deixou de ser em Irajá, no Boêmios, e passou a ser em Jacarepaguá, no Country

Club. Tempos depois ele voltaria a ser em Irajá, mas, dessa vez, no Coleginho. O baile do Boêmio, como chamávamos, era lindo demais. Devo ter me apaixonado por umas cem garotas naqueles domingos de sol, e para mim foi só vantagem terem mudado o baile para Jacarepaguá. Pelo menos, o problema da distância estava resolvido, já que a CDD é em Jacarepaguá.

No Boêmio cada um ia por sua conta para o baile, o que se transformou em um problema para os organizadores, e para a cidade, que começou a ser assaltada para tudo que era lado aos domingos. Um pouco antes do baile, bastava ter uma galera indo para lá que era registrado um assalto no local e, como éramos muitos, vindos de muitos lugares, não era nada difícil bater de frente com uma dessas galeras e ser assaltado. O que é lamentável, porque muita gente ia para o baile e pouquíssimos eram aqueles que roubavam, só que todos os funkeiros acabaram no mesmo pacote como "um bando de marginais", entre outros xingamentos. É fato que havia alguns que nem mesmo entravam no baile, roubavam para lá e para cá e isso, simplesmente, caía na conta de todos nós do funk. Já outros roubavam só para entrar no baile. Imagina, o sujeito dá 300 contos no relógio, é assaltado e o relógio é entregue ao segurança de um baile, cuja entrada é 8 contos. Um absurdo, mas os seguranças incentivaram muito o roubo com essa atitude, infelizmente.

Nesse tempo do Boêmio, os bailes já tinham proliferado em todo o Rio e Grande Rio: Cassino Bangu, em Bangu, Vilage, em São Gonçalo, Heliópolis, em Belford Roxo, Recreativo Caxiense, em Caxias, Mesquitão, em Mesquita, Pavunense, na Pavuna, e tantos outros bailes pelo Rio. Além do baile no Country ser mais perto, ele passou a ser à noite e aos sábados, e a organização dos bailes passou a enviar ônibus para as galeras. Cada galera tinha sua quantidade de ônibus, de acordo com a quantidade de pessoas. Os representantes da galera, que às quartas-feiras iam para as reuniões, resolviam esse tipo de ação. Agora imagina, só a Cidade de Deus tinha quatro ônibus para irmos ao baile, Abolição mais quatro, Curicica outros quatro. Ninguém queria ficar pra trás, todos queriam pôr pressão no baile. Participávamos de tudo, levávamos os bailes para as nossas vidas, para dentro de nossas casas.

De toda forma, os bailes tinham uma proposta na qual eu acreditava e tantos outros também. Em um determinado momento percebemos que a coisa não iria funcionar, porque a grande maioria já estava incorporada na questão da briga e aí, meu amigo, tudo era motivo. As brigas começavam lá fora, antes do baile, e continuavam no final, na saída, e o máximo que os organizadores faziam era liberar primeiro um lado e depois o outro, o que eu considero extremamente inteligente por parte da organização. Mas que, de certa forma, fez com que outros problemas graves surgissem. De um lado os ônibus impediram muitos assaltos, mas, por outro, ocasionaram mortes. Preciso esclarecer que não estou culpando somente os organizadores, ou que tenho mágoa deles, mas lamento por tudo o que aconteceu, por não ter dado certo, afinal, eu estava ali também, e sei o quanto fomos inconsequentes. A diferença é que não éramos seguranças, não recebíamos para ter atitudes inconsequentes, pelo contrário, pagávamos, e tampouco éramos os responsáveis, ou seja, não lucrávamos com os bailes. Mesmo assim nosso sentimento pelo movimento era de alma, brigávamos, é certo, mas ninguém queria o fim do baile de festival.

Na hora da etapa do rap do festival ficava evidente o sentimento de continuidade dos bailes, mas a prática era contrária a tudo aquilo que pregávamos nas letras de nossos funks e até mesmo, o que talvez a grande maioria de nós desejava. Não era raro ouvir letras como: "Irmãos parem com isso, violência não", de Danda e Tafarel; "Ciranda cirandinha, vamos todos cirandar, Cidade de Deus pede a todos para que parem de brigar", de Cidinho e Doca; "Olelê, olalá, a Rocinha pede a paz pro baile não acabar", de MC Galo. A contradição era tanta que chegamos ao ponto de alguns DJs fazerem com a música do MC Galo a montagem "pede a paz", e era, justamente, nessa hora que a porrada, ironicamente, comia solta. Éramos jovens, mas já sabíamos o que estávamos fazendo ou, ao menos, pensávamos que sabíamos, talvez não soubéssemos mesmo. Embora os ônibus melhorassem a vida das pessoas que circulavam na cidade, eles viraram alvo fácil dos próprios funkeiros. Alguns vão dizer "Mas aí é problema de vocês", mas nessa onda de "problema de vocês" vários de nós perderam a vida, ou até mesmo ficaram deficientes, sem ter muito a ver com o peixe. Dentro da diversidade da favela, tudo se limita ao funk, um pouco pelo comodismo.

Lamento não termos nenhum favelado dono de equipe. Em geral, as pessoas que ganham a vida com o funk são brancas e não são da favela. Faltou a favela se organizar para tal, nem mesmo os bailes dentro das favelas eram organizados pelos favelados, ou sequer os favelados ganhavam algum com isso, salvo a tendinha da tia, ou do tio, que vendia a sua cachacinha. São raras as exceções que ganham bem ou vivem bem do funk, hoje, que são oriundos de favela.

O simples fato de ter um ônibus, gratuito, fazia com que o número de pessoas aumentasse nos bailes. O fato é que triplicou o número de pessoas indo aos bailes funks

100% NEGRO

no Rio de Janeiro. Em todas as cidades do Rio e em todas as classes, os playboys e as patricinhas não se contentavam apenas com as boates, eles tinham a necessidade de vir para as favelas e também para os bailes de corredor. O que os integrantes da classe média e os ricos buscam nos bailes funks? Drogas, aventuras, amizade, não sei. Só sei que os ônibus se tornaram alvo fácil e, por exemplo, obrigatoriamente um ônibus vindo com a galera da Piedade passava por Campinho e, fatalmente, este ônibus seria atingido por disparos feitos pela galera do Campinho, que era rival, e assim acontecia em vários pontos do Rio, o que se tornou um grande problema para os funkeiros. Muita gente morreu por conta disso, infelizmente, gente que tinha ido pela primeira vez ao baile, era uma tragédia essa violência. O ônibus atraiu, também, outro público para o baile, o que deveria ajudar a mudar a mentalidade das pessoas em relação às brigas, o que não se concretizava, porque, muitas vezes, quem ia pela primeira vez era quem mais brigava, impressionante.

Os bailes passaram a ter seus ídolos, mitos e deuses. Fulano da Nova Brasília, Beltrano do Sapê, Ciclano da Rocinha. Quem brigava mais, ou quem batia mais, era sempre o bem-amado. Mas o baile funk ficou, realmente, impossível quando transcendeu de vez o limite do baile. Quem trabalhava em uma área x teve de sair porque era "alemão" e, se os caras pegassem ele ali, não tinha papo de "estou no trabalho e estou de licença da briga do baile". Se tivesse no mercado com a mãe e neguim visse teria de largar a mãe e sair de pinote, se não tomava umas porradas, isso se não perdesse a vida. Até que chegamos ao Maracanã, onde misturou tudo e foi uma merda só. Em um mesmo lugar juntou os funkeiros com a torcida organizada, porque as pessoas que eram da mesma torcida, muitas vezes, eram de galeras diferentes no baile e me pergunto: como resolver isso? A resposta é simples, não resolve, a porrada comia e a porrada vivia comendo, e foi ficando cada vez mais insuportável até que em outro ponto, a praia, a coisa embranqueceu geral e ficou feio. Galera daqui, galera de lá e a porradaria rolando. As pessoas na praia em pânico, chamando o que era uma simples briga de arrastão, e a moda pegou. Durante um tempo, o Rio viveu a fase do arrastão, que nunca teve a intenção de ser um arrastão. Não foi algo pensado, planejado, foi um incidente no qual as pessoas, ao verem a briga de uma galera com outra, corriam pegando seus pertences. Alguns identificaram aquilo como assalto, que acabou virando, de fato. E virou moda dizer que funkeiro fazia merda na rua. Na verdade, isso é mentira, a guerra do funk era fechada, não era uma guerra contra a sociedade. Não digo que não seria uma boa, não em relação a dar porrada nas pessoas, mas dizer: "Estamos aqui, existimos e queremos ser ouvidos pelo governador, queremos cotas, queremos acesso e ponto final." Deveríamos eleger os funkeiros certos, mas não, nós só brigávamos, e mais nada. A sociedade, por sua vez, ao nos ver, com ou sem cabelo loiro, apenas com a nossa pele preta, chamava a polícia que, por sua vez, nos dava porrada, nos carregava até sumirmos da vista dos brancos, e nos diziam "Some daqui!".

Fato é que nenhum moleque de condomínio que foi preso — seja roubando, matando ou se drogando — manchou seu condomínio, mas basta acontecer um crime em Jacarepaguá, para dizerem que é da Cidade de Deus, em Ipanema, para dizerem que é do Cantagalo, no Maracanã, para dizerem que é da Mangueira, dos Macacos e é assim, desde antes da remoção, e foi assim, também, com os funkeiros. Com isso, os pretos tiveram de carregar mais esse estigma. Para ganhar dinheiro, o funk serve para os brancos, mas para ser mal falado e assinar os BOs, frutos da incitação recorrente nos bailes, só serve preto mesmo.

De toda forma, os funkeiros que não concordavam com aquela atitude tentavam a todo preço trazer paz para os bailes e encontravam nas mulheres, ou melhor, na paixão, uma forma de trazer um momento de ternura, já que a tão famosa música lenta havia sumido dos bailes, e surgem, nesse período, inúmeras canções maravilhosas falando de amor. Na época, não era comum mulher MC, por isso, as declarações de amor eram feitas pelos homens que desejavam ter o amor daquelas mulheres, ou mesmo reconciliar-se com elas: "Amor, eu queria que você me desse uma solução para não perder você", Sinistro e Mião; "Eu não tiro da cabeça aquela gata, quando a gente conversava lá na praça, mas os dias 'foi passando', quando eu me toquei que foi por você que eu me apaixonei", a Turma da Estrada da Posse, os amigos Coyote e Rapozão; "Enquanto isso, a chuva cai lá fora, tu olha da janela e chora, me implorando para te amar", Márcio e Goró; "Quero namorar você, rainha do baile, ôôô, te beijar, te abraçar e a vida inteira te amar", Cidinho e Doca; "Gata, o que eu fiz foi maldade, queira me desculpar, ou perdoar. Gata, o que digo é verdade, eu não quis te magoar", Willian e Duda; "Nosso sonho não vai terminar, desse jeito que você faz, e depois que o baile acabar vamos nos encontrar logo mais". Se havia alguma certeza na saída do baile era essa: que logo mais nos encontraríamos, aquela gata e eu. Lembro que fiquei apaixonado por essa canção do Claudinho e Buchecha. Estes foram os grandes responsáveis, entre outros, pela composição das grandes obras sobre o tema e, também, pela luta por paz nos bailes.

Nilson e Skell são MCs que cantaram uma canção muito importante para a época, contra a violência que as mulheres sofrem por homens machistas, e para dizer a verdade esta é uma realidade que, abominavelmente, não mudou e lamento profundamente por isso:

"São mulheres, mas muitas dizem que são todas iguais, algumas delas espancadas por motivos banais, maltratadas, humilhadas por homens machistas, mas, na verdade, esses covardes se tornam racistas e de todo a violência eles querem usar, com palavras indecentes para humilhar."

Foram tantas letras que, com palavras, gestos, atitudes, pude aprender ali, com o funk. Tenho muitas boas lembranças como essas, com os quais pude perceber que o funk era um lugar propício para falar de temas como amor e respeito.

Os bailes corriam em paralelo, os bailes de festival de galera, até os bailes ditos de playboys, como o da Circus, em São Conrado, o primeiro que teve banho de espuma, e, até mesmo, os bailes de morros e favelas. Lembro também de bailes célebres, como o da Studio 58, na Mangueira, o baile bom, às sextas, onde ainda se podia dançar agarradinho, o que era muito gostoso, o baile do largo do Bulufa, na Grota, no Complexo do Alemão, o Baile da Cidade Alta, que, inclusive, teve aquele funk muito gostoso que dizia: "Eeeeeeeeee lalaialaia, vem pra Cidade Alta, lalaialaialaia, que você vai se amarrar, lalaialaialaia, obaobaobaobaôoôo, Cidade Alta chegou (...) e por falar em violência, eu 'tô que tô' tentando entender, por que que no mundo de hoje, as pessoas só pensam eu vou matar ou morrer". O funk da Cidade Alta seguia questionando, e convocando, para um baile responsa. No baile do Dendê: "Vou subir, vou zoar o Dendê tem alegria para sempre recordar (...) o Dendê, da Ilha, do bairro do Cocotá" era outro convite feito à massa funkeira, como era chamada, pelos já citados Danda e Tafarel, "Massa funkeira, não me leve a mal, vem com paz e amor, curtir o festival, o festival daqui é muito bom, o festival é um jogo de emoção, galera do campinho gogó de São João (...)

Cidade Alta e Cidade de Deus traga paz na Terra e união, seja um funkeiro puro e um ser humano bom (...) brigar pra quê se é sem querer, quem é que vai nos proteger, pare e pense um pouco mais e violência aqui nunca mais". Nunca mais mesmo, porque o baile de galera, o nosso baile de festival, findou no que seria seu auge, com todos os bailes lotados por jovens bonitos, cheios de energia e, apesar da letra, da minha e da de muitos, não conseguíamos parar com as brigas. Preferimos, então, acabar com o baile, ou melhor — ou pior —, com os festivais.

Hoje, todos que íamos para os bailes, que vivemos aqueles momentos, devemos nos perguntar o que se passava na nossa cabeça naquela época, até porque muitos que eram de lados opostos, A e B, hoje frequentam o mesmo baile, o baile da Chatuba, na Penha, que agrega as pessoas daquela época, da década de 1990. Superamos a briga, se foi forçado ou não, a briga passou, o baile da Cidade de Deus recebe pessoas da Merck, o baile do Rio das Pedras recebe gente do Recreio, e acredito que em Niterói, São Gonçalo, Belford Roxo, Caxias, Mesquita, Pavuna, Saracuruna não seja diferente, as pessoas se reencontram. Mas o que não encontramos mais foi o nosso tão querido festival, que poderia ter se transformado no maior festival da América Latina, quiçá do mundo, até porque seria o único, nunca soube da existência desse tipo de baile funk em outro país, mas confesso que deixei os festivais um pouco antes deles terminarem, não somente porque acreditava já ter dado minha contribuição, que não foi pouca. Apresentei um cara chamado Cidinho aos festivais em um sábado de muita tensão no festival do Country, em um dia da etapa do rap que a Cidade de Deus não tinha chegado a um acordo sobre quem defenderia a etapa, quem cantaria o hino da Cidade de Deus, quem daria o grito da galera e, logo em seguida, entraria com o rap.

A Cidade de Deus começou a ir para o baile desde a época do Ginásio de Madureira, depois Boêmio, e não parou mais. No início, a maioria das pessoas, da própria CDD, tinha preconceito com o funk e não gostava nem de ir, nem que falassem que era de lá, então iam todos no mesmo ônibus, em direção a Madureira, os funkeiros e os charmeiros. Quando chegavam em Madureira, um seguia para o Boêmio, em Irajá, e outro para o Disco Voador, em Marechal Hermes, curtir um charme da melhor qualidade. Alguns iam para o Boêmio e gritavam Karatê, que é uma das áreas da CDD. Quando a coisa caiu no gosto de todos, esses foram os que passaram, naturalmente, a líderes de galera da CDD. Até a escolha pela liderança, tudo bem. Mas para cantar, põe quem sabe, quem tem a melhor letra, quem tem desenvoltura no palco, afinal, queremos ganhar o festival e levar um baile para a favela, um dos prêmios. Na hora de decidir quem ia cantar no festival começou o empurra-empurra, a discussão, porque na própria CDD já tínhamos nosso festival interno de rap. Então eu sugeri: "Gente, vamos botar o Cidinho pra cantar!". O Cidinho era meu amigo desde moleque, éramos do mesmo time de futebol, o time do Marcelo Banha, e além de saber que ele cantava bem, eu sabia que ele tinha carisma. Além disso, o funk que disputava com o dele para representar a Cidade de Deus no festival depunha contra o que eu pensava, era depreciativo com as mulheres, fazia uma piada sem graça em um verso que dizia "Olelê, olalá, seu cabelo é de brau pente quente henê rená" e não estava disposto a permitir que isso acontecesse. Peitei a galera, só que o meu peitar era, simplesmente, dialogar tentando, na palavra, ganhar a briga. A única diferença é que eu estava em um baile, onde a música é muito alta e pouco se escuta do que o outro fala, então comecei a gritar, a falar alto, até chegar ao meu objetivo, e cheguei graças à ajuda do Nei,

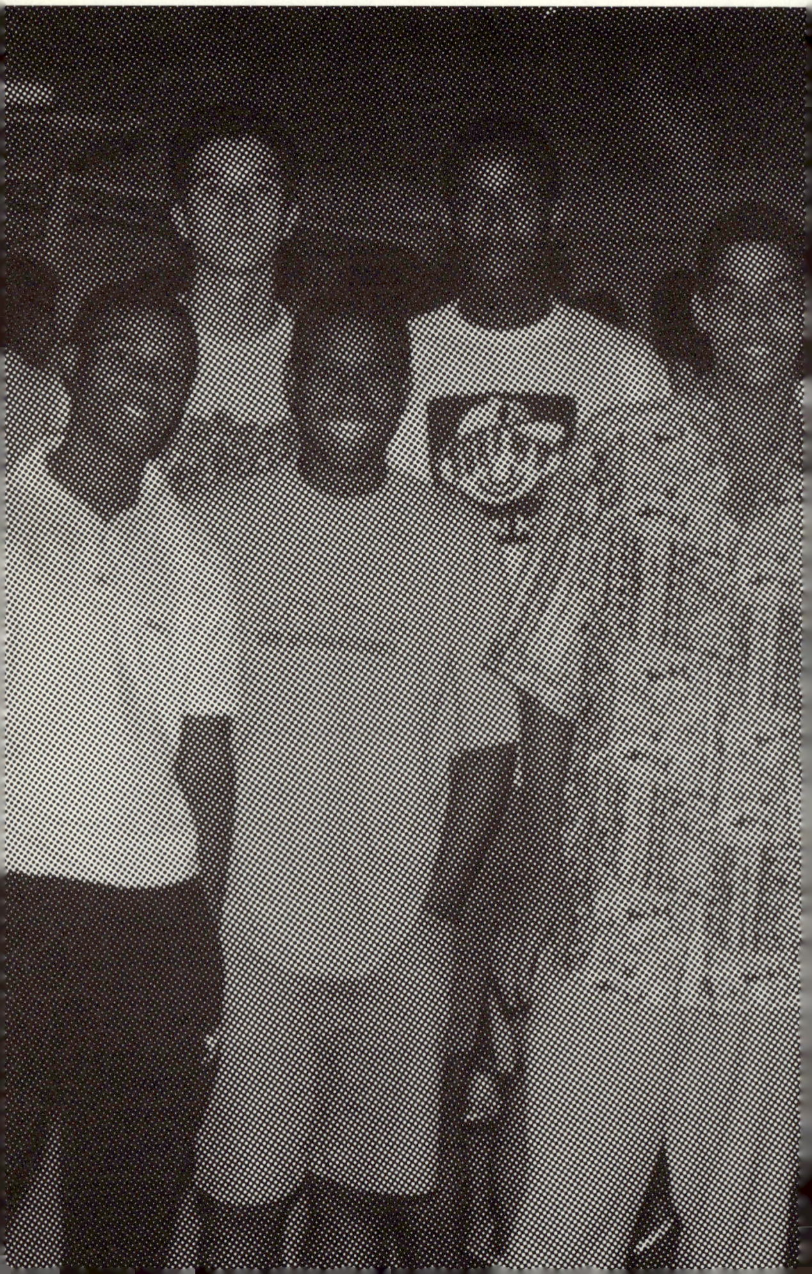

Baile funk 199

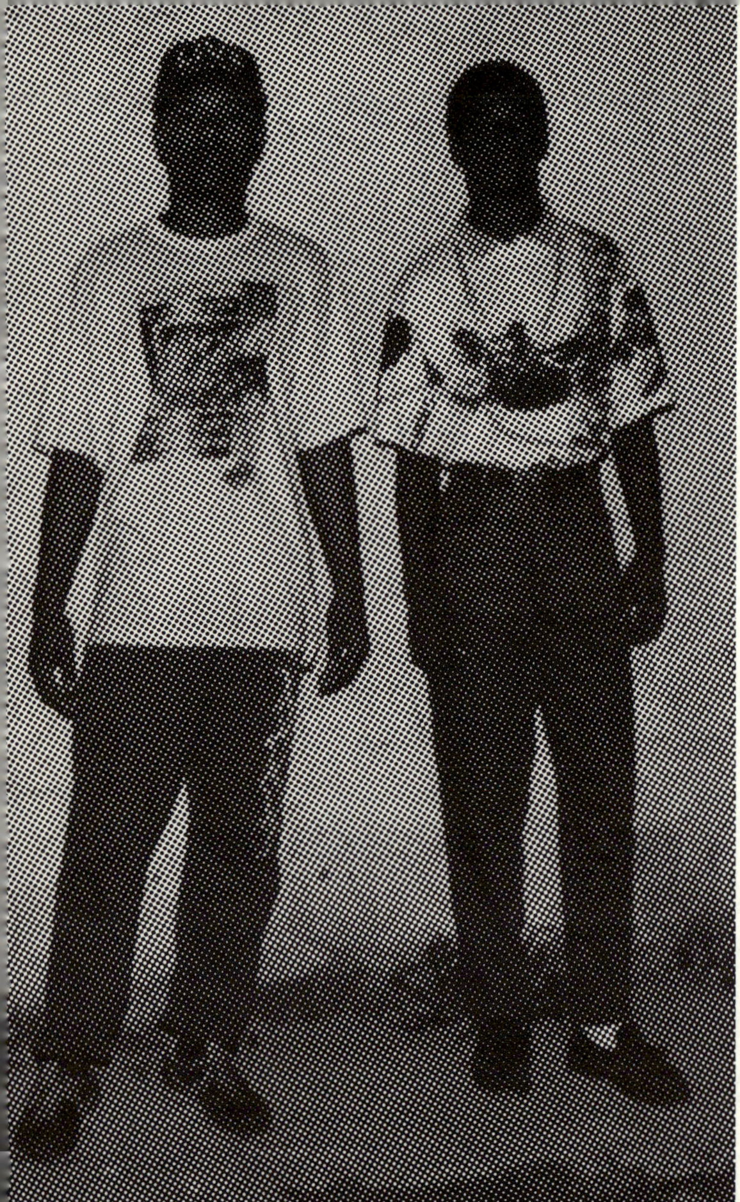

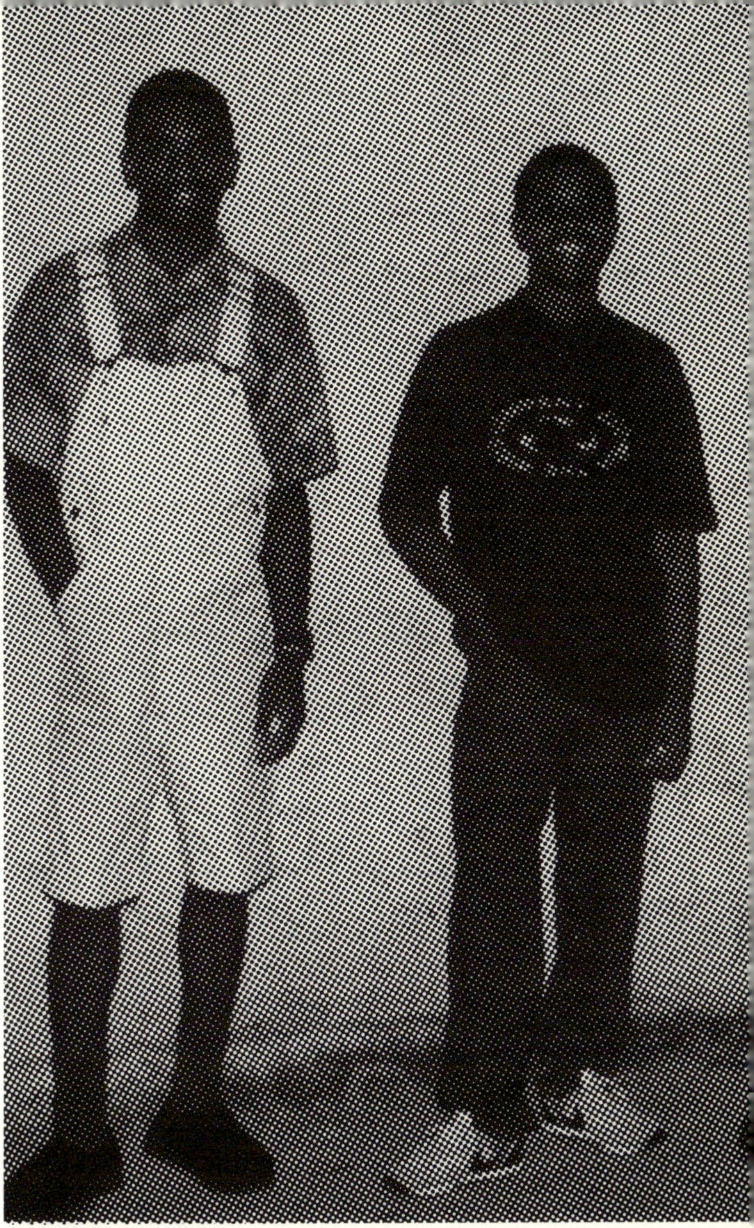

da Mangueirinha. Nei cantava rap também, ele era do "Trio do Mal", junto com o Hélio e o Jacó. Depois desse episódio, o Nei passou a cantar comigo no que chamamos de "Trio da Paz". "Era o Trio do Mal, mas agora não é mais, Quack, Torquato e Valdinei formam o Trio da Paz (...) Vem com paz e amor, vem com união, curta o baile funk com amor no coração."

Conseguimos que o Cidinho nos defendesse no festival, com uma condição: se ele perdesse, eu me acertaria com a galera, que ocupava uns quatro ônibus. Eu sabia da genialidade do Cidinho, ele é uma das pessoas mais criativas que conheço, faz tudo com uma rapidez impressionante, quase como uma flecha na direção da mira. Nesse dia, do Country, eu ia cantar com o Cidinho, porque o Doca não estava lá, mas gritei tanto para convencer a galera, que fiquei sem voz e, no final, quem cantou foi um outro amigo da Barão. Passamos para a próxima etapa e fomos para a final, o resultado sairia na terça-feira, por volta das 21h, no programa de rádio. Nessa época, acontecia o campeonato de futebol do AP e nós nos concentrávamos lá. Quando anunciou que sairia o resultado, paramos tudo, tascamos uns trinta ouvidos para dentro do Trovão Azul, o fusquinha que meu pai tinha. O Cidinho não estava conosco. Anunciou-se o terceiro lugar, um rap lindo, da galera do Pechincha, que era alemão da Cidade de Deus, mas eu sabia o rap de cor. Na hora pensei: se eles tiraram em terceiro, então perdemos feio, nem terceiro fomos. Senti meu lombo esquentar, quando foi anunciado o segundo colocado. Pensei "já não queria mais ir pro baile mesmo". Todos saíram de perto do carro, putos da vida, largaram o DJ falando sozinho, dizendo que se despedia da programação com a campeã da etapa de rap, e soltou: "Chegando lá, se tu não mexe com ninguém, pode ter certeza, ninguém mexe com você. Viemos informar, para o mundo inteiro, Cidade de Deus também é Rio de Janeiro. Agradeço a todos pelo apoio que nos dão, e agora eu vou pedir pro DJ largar o som." O Cidinho ganhou o festival, ao lado do Doca, e eu corria pelo Bloco Velho como se tivesse feito um gol de bicicleta aos 47 minutos do segundo tempo, corri e corri. Nem lembro se ganhamos o festival, ou só essa etapa do rap, mas acho que ter ganhado o Cidinho, definitivamente, para a música foi o maior e o melhor prêmio.

Comecei, um tempo depois, a abrir os shows do Cidinho, ainda na favela, mas um belo dia, contra a vontade do Cidinho, cantei um rap que eu acabara de fazer, o rap da Aids. No meio do show, eu e o Torquato esquecemos a letra e tomamos uma vaia em plena Caipira da 69, que ficava na Estrada Miguel Salazar Mendes de Morais, na CDD. Algum tempo depois, parei de cantar. Retornei apenas a pedido do próprio Cidinho, que não poderia mais defender a Cidade de Deus. Ele pediu que eu o substituísse com um funk, que, inclusive, me fez acreditar que deveria parar de cantar: o rap da Aids. Ele mesmo me ajudou a reformular o rap, eu já estava um pouco enferrujado, inclusive, mas ele me encorajou e fui, dessa vez, sozinho, como MC Quack. Mas, infelizmente, ganhei uma pedrada bem na testa na hora de dar o grito da galera, mas não foi isso que me fez parar.

Existem alguns bailes que não posso deixar de citar, pois me marcaram: o Baile da CDD, seja no Karatê, na 13, na 15 ou no AP, o Baile do Acari, os bailes da Zona Sul nos morros da Rocinha, Vidigal, Baile da Cruzada, São Sebastião, Dona Marta, Tabajara, Galo e Chapéu Mangueira, que se transformou no baile dos playboys. O que é, hoje, o Castelo das Pedras era o Chapéu, na época. Mas tinha baile bom na Barão, na Praça Seca, e o baile do Borel – "Lá no Borel, amigo, é união, paz e amor, quem for na comunidade vai dizer pra gente abalô, é o morro mais bonito do bairro Tijucão, porque, meus amigos, nós somos todos irmãos, lá é como uma família, tem gente de montão, no morro e na favela só tem gente sangue bom, porque, meus amigos, lá na comunidade, nós fazemos as festas em troca de amizade", e o baile da rua São Miguel seguia...

Deixei de ir ao festival porque em uma das muitas conversas que tive na vida, com um dos meus maiores incentivadores, meu parceiro MV Bill, não consegui responder para ele o porquê das brigas nos bailes. Não ter resposta para isso significava não ter mais porque fazer parte disso. Fui convidado pelo Bill a ir em uma das reuniões da Cufa, em Madureira, e de lá pra cá, minha vida se transformou. Entendi o recado do Bill e investi em outras coisas. Lamento, contudo, não ter conseguido transformar o funk, ou ajudar o movimento, como eu pensava, mas sei de vários outros irmãos daquela época que, ainda hoje, militam, e que estão na luta para que o funk venha a ser mais respeitado, dignificado, que seja um verdadeiro movimento de massa.

Parti para outros ares, fundei a Cia. de Teatro Tumulto, coordenei um núcleo e um curso de audiovisual da Cufa, conheci o hip-hop, o Hutúz e isso tudo fez com que minha rotina mudasse completamente. Deixei os bailes por convicção, não queria aceitar essa condição, porém já estava em outra praia, afinal se eu não podia transformar o movimento do funk, por que permanecer? O papo do Bill foi importante na minha mudança, um cara com quem eu sempre troquei informações sobre o que acontecia ao redor da favela. Essas conversas foram fundamentais para eu tomar outro rumo. Mergulhei de cabeça no hip-hop, observei mais de perto o trabalho do Bill, dos Racionais, conheci Sabotagem, o grafite, o break, e conheci uma das pessoas que desempenharia um papel muito importante na minha vida: Celso Athayde.

E o fato de eu ter mudado não foi bom só pra mim, mas para todos aqueles que estavam a minha volta, principalmente minha família.

Hoje, o funk tem lei, mas para que serve essa lei do funk, eu ainda não sei. Porém acredito que, talvez, um sindicato dos funkeiros ou algo do gênero pudesse organizar a massa funkeira, que pudesse dar suporte, uma espécie de Sebrae do funk, ajudando os funkeiros a empreender, a se tornarem comerciais, a fazerem da sua arte seu ofício. Não conheço funkeiros que deem palestra sobre funk, que filmem o funk, que escrevam livros sobre funk, ou melhor, que ganhem dinheiro, efetivamente, com o funk. Essas questões, por si só, já seriam transformações que gostaria de ver dentro do movimento, algo de que me orgulharia. Mas, infelizmente, na minha experiência, os funkeiros morreram pelo funk.

"Era só mais um Silva, que a estrela não brilha..."

ESTA
ÇÃO
HUTU

Cap.08
Estação Hutúz

Já nasci sambista, ou melhor, sintonizado com a estação samba. Minha família era de bloco carnavalesco, escola de samba, samba de terreiro. Eram músicos, cantores, compositores de samba, sobretudo, ouvintes e amantes de samba. As festas lá em casa só tocavam samba. Nasci com samba na veia, ou injetaram depois que eu já estava no mundo: samba-enredo, samba dolente, samba canção, samba de roda, samba de terreiro, samba de partido alto, samba de breque, samba de quadra, samba de bar, samba de rua, entre outros tantos sambas. Nessa sintonia fina me iniciei culturalmente. Tornei-me um pesquisador, um garimpeiro, passei a buscar quem tinha feito tal letra, quando, em quais circunstâncias, para quem e por quem foi feito. Se no fundo tratava-se apenas de uma canção, fruto de inspiração, ou se era um recado ou uma resposta a algum outro compositor. A história de cada música passou a ter um significado especial para mim. Estava sintonizado também no sentido de querer saber quem tinha feito a gravação do LP, a ficha técnica: Esguleba, Gordinho, Dino Sete Cordas, Alceu Maia, Zeca do Trombone, Wilson das Neves, Milton Manhães, Rildo Hora, Bira Hawaí, nomes que com frequência estavam nos discos de samba. Músicos, produtores, maestros, arranjadores. Dentro de uma quadra de samba ou de um pagode o fato de ter esse conhecimento mais aprofundado da história do samba não me diferenciava em nada das outras pessoas, o que importa numa roda de samba é conhecer o samba e eu sabia cantar desde as mais antigas de Casquinha, Argemiro, Clementina, Mano Décio, Aniceto, Osório Lima até os mais recentes.

Sintonizado esses anos todos na estação samba, vi nascer uma carreira brilhante. Dudu Nobre, que foi, para mim, o pioneiro dessa nova geração que surgiu na segunda metade da década de 1990 e não parou mais de crescer. Eu tinha muito receio de não renovar a safra, mas hoje temos partideiros de primeira linha por todo o Brasil. Dudu tocava na banda do Zeca Pagodinho, era cavaquinista. Um dia Zeca chama Dudu e apresenta ele ao público como mais um talento no samba e, de lá prá cá, esse moleque não parou mais, e eu fico "feliz da vida" por ele, pelo samba e pelos sambistas. Minhas referências, antes dele surgir no cenário musical, eram a Velha Guarda do samba, a turma que surgiu na década de 1980 com o pagode do Cacique: Deny e Lima, Almir Guineto, Zeca Pagodinho, Grupo Fundo de Quintal, Lecy Brandão, Jovelina Pérola Negra, Elaine Machado, Dunga, Pedrinho da Flor, Jorge Aragão, Neguinho da Beija-Flor. Eram os artistas que tocavam na Rádio Tropical, que faziam os sambas na praia e tocavam de segunda a segunda no Rio de Janeiro. "Já na segunda-feira com ares de quem quer se perder, na Pilares, no CCIQ (...) Na quarta-feira vamos ao Cacique mas antes a nossa presença é marcante no pagode da mulher solteira, Caldeirão sem fundo tuiutí, Na quinta-feira, sexta-feira (...)" Letra inteligente do Fundo de Quintal que dá o roteiro do melhor do samba por meio do personagem Rosalina, que só quer viver no sereno. Dudu vai quebrar alguns paradigmas e estereótipos ligados aos sambistas e partideiros, mas sem

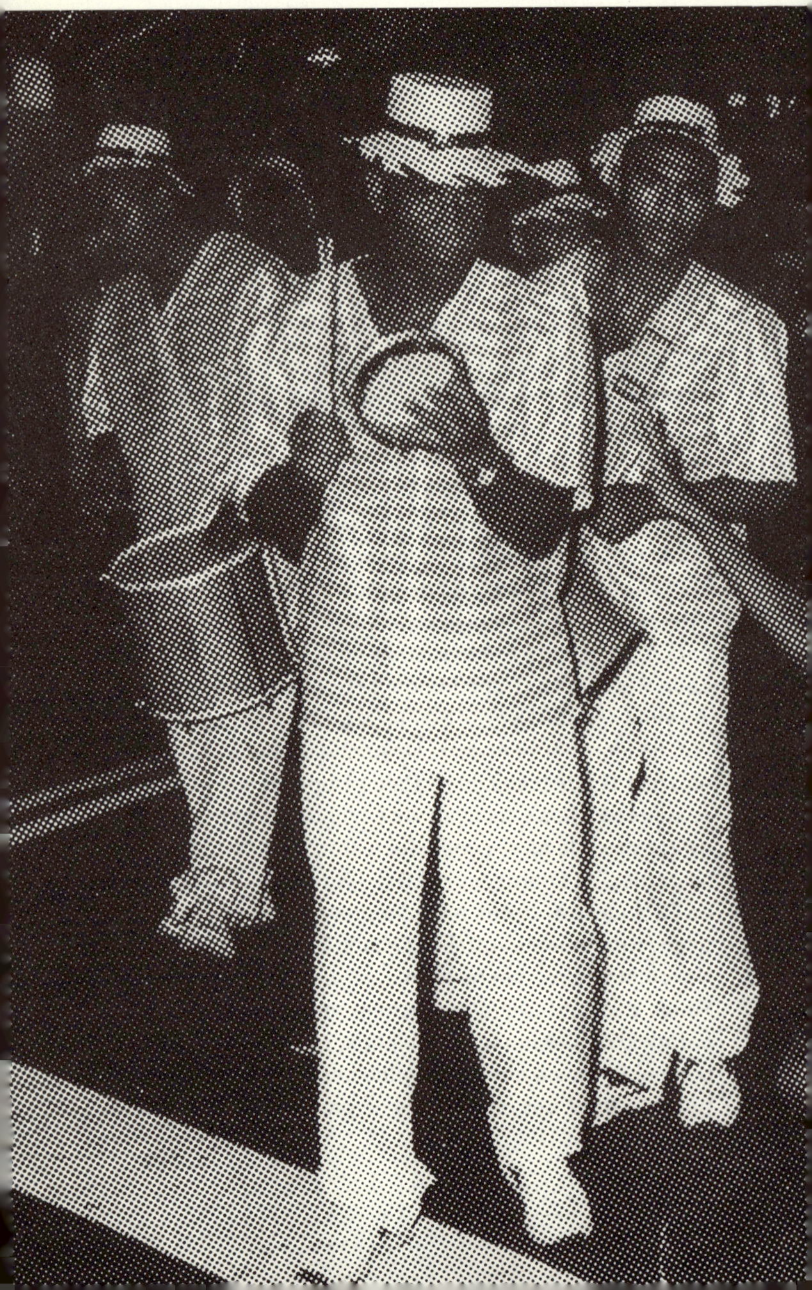

Estação Hutúz

perder a raiz, a essência e a qualidade musical. Minha carreira audiovisual teve início em dois projetos ligados ao samba e partideiros. O primeiro foi o curta "Sou Coroado", um bloco carnavalesco que minha família ajudou a fundar, pertencente a Cidade de Deus: o Coroado de Jacarepaguá. O segundo foi o curta "Deny, tu não tá sozinho não", que fala um pouco das travessuras de um dos maiores partideiros do Brasil. O samba foi fundamental e principal motivador para que eu me sintonizasse com uma nova estação.

No fim dos anos 1990, passo a acompanhar mais de perto a carreira do MV Bill. É uma nova realidade para mim, as minhas referências que sempre estiveram distante de mim dessa vez estavam ali na minha cara, conversavam comigo de igual para igual, discutíamos sobre tudo e iniciei no hip-hop assim, como o Bill. Passei a ir em todos os seus shows. Além das músicas do Bill, no discurso dele havia certeza, eu sabia que havia me encontrado naquela cultura. A identificação, a compreensão e a admiração pela carreira do Bill eram os fatores que me levavam a ter interesse por me sintonizar naquela nova estação. Ele lança seu primeiro CD, o "CDD Mandando Fechado", faz o videoclipe "Traficando informação", dirigido pela Katia Lund, faz dois shows memoráveis no Free Jazz, um no Rio, outro em Sampa e fecha a década com um grande show na Cidade de Deus, que abriu uma época de grandes shows em favelas com a mesma estrutura que é feita na orla no Rio. Nesse show cantou com Dudu Nobre, Cidade Negra, Caetano Veloso e Djavan, além do lançamento do videoclipe "Soldado do morro". No show do Bill é o rap que dá as cartas, mostra caminhos, aproveita oportunidades, cria novas oportunidades, inventa um mercado, inventa alternativas, e sai do discurso pelo discurso, ou seja, alcança uma prática.

O rap é ativo. Isso tudo não só me agrega ao hip-hop, mas como no samba me convida a mergulhar nesse universo para tentar compreendê-lo na sua plenitude. Assim como no samba, a diversidade dentro do hip-hop é extraordinária, e eu mergulhei de cabeça.

De 2000 até 2009, o prêmio Hutúz revelou uma gama de artistas do hip-hop, fez o intercâmbio desses artistas com gravadoras, possibilitou parcerias dentro e fora do movimento, serviu de vitrine para a nova e velha escola e proporcionou a integração do hip-hop com o mundo externo. Um prêmio temático, com uma produção de primeira linha, feito por pessoas de dentro, pensado e produzido por quem vive e conhece o movimento. Esse é um dos grandes diferenciais do Hutúz, que se consolidou ao longo das suas edições. "Mundo do Vinil", "Fórmula 1", "Identidade", "Circo", "Carnaval", "Avenida", "Supermercado" foram alguns dos temas do prêmio durante dez edições. O evento reúne gente de todas as tribos em um só espaço. No início, o prêmio acontecia no Teatro Carlos Gomes e o festival era no Armazém 5, cais do porto do Rio de Janeiro. No Carlos Gomes, o prêmio viveu muitos momentos importantes para o hip-hop e muitas personalidades passaram por ali, por se identificarem com aquela cultura e, na maioria das vezes, se espantavam com o tamanho do evento e com a capacidade de produção da periferia. Eduardo Suplicy, Daniela Mercury, Bezerra da Silva, Debora Colker, Cacá Diegues, Carlinhos de Jesus, Toni Tornado são alguns nomes que já subiram ao palco do Carlos Gomes para entregar uma estatueta tão almejada pelos rappers, boys, DJs etc.

O Carlos Gomes era um espaço bem aconchegante para o realização do prêmio. Se por um lado tínhamos o Armazém, que era gigante e concentrava uma multidão nos dias de shows, o Carlos Gomes concentrava, no máximo,

500 pessoas. O prêmio sempre foi na quinta-feira, exceto em 2003, quando teve a última temporada de "A ópera do malandro", que estava em cartaz de quinta a domingo, no Teatro Carlos Gomes. Nessa ocasião, fizemos na quarta. De toda forma, se a invenção do Hutúz parecia ser incrível, as soluções de produção pareciam ser muito mais. Esse ano, em que o prêmio foi na quarta e que deveria ser um problema, foi talvez o ano que tenha marcado mais aqueles que sonharam um dia em ser rapper, aqueles que tinham uma idealização do que era o rapper americano, as músicas, aquelas figuras que víamos só nos videoclipes internacionais ou nas capas de discos. Foi o ano em que o Hutúz trouxe ao palco do Carlos Gomes uma surpresa, o Public Enemy. A temperatura passou de cem e o bagulho ficou doido. Para muitos que estavam ali era a realização de um sonho, o Public Enemy era o pontapé inicial na militância. Eles foram os precurssores do movimento e um dos poucos grupos americanos a se manterem fiéis ao rap político, de denúncia, que é o que fazemos em larga escala no Brasil, até por termos buscado essas referências.

Esse ano foi uma espécie de overdose. Como o prêmio já tinha sido em uma data extraordinária, o festival Hutúz também deu continuidade e o Public Enemy fez um show no Armazém 5 muito significativo para a história do rap nacional. Muito significativo para mim que, do ponto de vista da produção, aprendi desde cedo que nem tudo está perdido e que, apesar das adversidades, dá para tirar soluções que sejam até melhores do que as pensadas anteriormente. Não proponho viver no imprevisto, mas se for a única opção, que a criatividade possa vir como um ingrediente essencial ao que estivermos fazendo. Em 2002, eu e o Armazém 5 tivemos uma das maiores alegrias no rap nacional. Um grande rapper que, infelizmente, nos deixaria no ano seguinte. Ele nos deu a satisfação de cantar no palco nobre do Hutúz, no cais do porto, em um show memorável, em que ele não era a atração principal da noite, mas era como se fosse. Ele subiu no palco todo de branco, calça de brim no vinco, camisa branca, terno branco, sapato branco e veio cantando o Canão, o Brooklin, e dizia que o rap é compromisso. E ele tinha compromisso. Sabotagem fez um show inesquecível. No fim do show, ele se jogou do palco em cima da plateia, que o carregou nos braços. Foi muito mágico o show do Sabota, ele encerrava ali sua participação no Hutúz, pelo menos em vida. Porque no ano seguinte o Sabotagem foi o homenageado do Hutúz, o grande homenageado. Nenhum de nós desejaria fazer homenagem póstuma ao Sabota, até porque desejaríamos que ele tivesse uma vida longa, mas não teve. Foi interrompida uma das maiores carreiras do rap nacional de forma brutal. É preciso dizer isso: a violência brutal nos levou um dos maiores rappers do Brasil, e o Premio Hutúz que concedeu uma homenagem ratificou isso a respeito do Sabotagem. O tema foi "Identidade". O Hutúz, no palco do Carlos Gomes, palco esse que o Sabota havia subido no ano anterior para pegar mais de duas estatuetas. Estava lá a identidade do cara que se identificou com o rap.

Em 2003, Camila Pitanga, que apresentou o prêmio ao lado do Paulo Brown, chamou ao palco para entregar um prêmio ao mestre Bezerra da Silva. Ele foi um dos mais aplaudidos na história do prêmio Hutúz. A identificação dos rappers com Bezerra é total. O mestre pediu para cantar um trecho da sua música nova e a plateia, antes que Camila Pitanga respondesse, autorizou o mestre Bezerra a dar uma palinha. Quando o prêmio foi para o Canecão, muitos ficaram receosos, o que é normal em qualquer mudança, mas o tema não deixou dúvidas do porquê daquela mudança. O palco do Canecão, um dos mais nobres do Rio de Janeiro e do Brasil, por onde toda a nata da MPB, black music, rock, samba, grandes artistas nacionais e internacionais já passaram, agora era palco do "Supermercado Hutúz". O hip-hop não é mais uma mercearia, um "comerciozinho", é um supermercado, e desde a entrada no Canecão percebia-se a transformação do hip-hop nacional durante essas cinco edições do Hutúz.

A abertura do Hutúz, que sempre foi uma atração à parte, esse ano contou com alguns MCs cariocas: Funk, Big Papo Reto, Aori, Chapadão e TNT, além da participação especial do meu pai, Luiz Carlos. Fizemos um curta-metragem que se desdobrava no palco do Canecão, onde depois entraria a apresentadora do prêmio Taís Araujo. Os MCs trabalhavam no supermercado Hutúz e meu pai era o segurança. Eles passavam o dia inteiro rimando de improviso, e o segurança do supermercado dizia que eles deveriam parar, porque aquilo era música de bandido, de marginal e as pessoas não gostavam daquele som. Rola, então, uma discussão entre eles até que um deles, o Big Papo Reto, pensa em uma solução, olha para a câmera e diz: Se eles quiserem que a gente pare, a gente para, se eles quiserem que a gente cante, a gente canta, e o segurança topou o desafio. Nesse momento sobe o telão e eles entram no palco. A plateia vai ao delírio e eles fazem a pergunta: Vocês querem que a gente cante? "Sim", responde a plateia. O segurança diz: "Então..." E começa um rap improvisado e o Canecão, a essa altura, já respirava o rap, e as pessoas já não se davam mais conta de que estavam no Canecão. O Hutúz cumpria ali uma missão importante: a de levar autoestima ao hip-hop e dizer que qualquer palco é palco do hip-hop.

As aberturas eram um show à parte. Em 2005 eu tive uma responsabilidade maior: ficou a meu cargo executar a abertura e como o tema era "Avenida Hutúz", por onde muitos passaram e muitos ainda vão passar, a ideia era fazer uma abertura que mostrasse essa realidade, a da avenida. Resolvemos, então, fazer uma dublagem de vários filmes falando dessa trajetória. A partir daí começou uma corrida contra o tempo, e perto de terminar, entrou um e-mail cancelando a abertura, porque o prazo já tinha estourado. Eu respondi o e-mail dizendo que eu havia pesquisado muitos filmes para fazer aquela abertura, e que a direção me desse um voto de confiança para que eu pudesse concluir o trabalho. Eles deram e não se arrependeram. Fizemos eu, Felha, Saci, Rafaela, Doente, Thiago, Fernando, Paulo Rasta, Viviane, o núcleo de audiovisual da Cufa. Na ocasião, em uma das mais inusitadas aberturas do prêmio Hutúz, os apresentadores eram Lázaro Ramos e Nega Gizza. Entre os filmes que dublamos estavam "O homem que copiava", o videoclipe "Prostituta", de Nega Gizza, além de "Rio 40°", "Ray", "Xica da Silva", entre outros trechos de filmes.

O Hutúz assumiu o prêmio como um ambiente de show também, de atração. Isso é muito bom, é um diferencial, mas não somente um show de rap. Nesse ano tivemos um encontro marcante de Caetano Veloso e Rapin Hood cantado "Odara". Foi sensacional, Caetano e Hood deram um show, mas o Hutúz também já teve show de Dudu Nobre, Sandra de Sá, Luis Miranda, fazendo o hilário MC Dola, Dead Prez, Mos Def, que transcendeu o espaço do palco e foi parar na plateia cantando com a galera e levando o Canecão à loucura. O Hutúz 2005 se tranformou em uma avenida mágica. O Mos Def deu a deixa assim que chegou no palco, ele disse, em português: " Mos Def não fala português, fala hip-hop." Nega Gizza e Lázaro, além de estarem lindos no palco, deram um show à parte. Irreverentes, não perderam o tom e mandaram o recado com primazia. Lázaro ousou e disse: "Para entregar o prêmio de melhor videoclipe, vou chamar ele que é sex simbol do Brasil: Cacá Diegues." Cacá

No olho do furacão

Estação Hutúz

subiu ao palco vermelho de tanto rir, e antes de entregar o prêmio de melhor videoclipe, disse: "Eu já sou um veterano no prêmio, quando o Celso começou o prêmio no Carlos Gomes, nunca imaginava que chegaríamos até aqui. Isso prova que ele tinha razão, que a Cufa tinha razão, e isso é uma vitória do hip-hop, isso é uma vitória de vocês." E chamou o vencedor.

Estar atento à moda dentro do Hutúz foi uma coisa que sempre me fascinou. A forma das meninas se maquiarem, as mil e uma possibilidades de cabelos, penteados, roupas, estilos. Uma linguagem visual rica, diversa, alegre, dessa forma que as mulheres chegavam no Hutúz. Os homens também investiam nos cabelos, na barba, nos tênis, nas roupas, e isso tudo só podia dar na feira Hutúz, uma feira que é o maior barato. Além de artigos para se vestir, temos também CDs, culinária hip-hop. É muito bom você ir na feira Hutúz, na sexta, e comprar a roupa, o boné, a pulseira e o cordão que vai usar no sábado e no domingo no festival. Um espaço muito interessante no Hutúz é o espaço underground, nesse espaço você sabe que está no Hutúz, mas você acaba desconfiando um pouco, porque ele é bem diferente do que está fora dele. Já vi muitas vezes os grandes shows acontecerem no palco principal e o palco alternativo pegar fogo. Junto e misturado sempre foi o lema do Hutúz, nunca houve um caso onde o que estava acontecendo no palco alternativo, ou no espaço underground, ou no Hutúz basquete de rua, que tivesse que parar para acontecer outra atividade. Sempre foi tudo feito ao mesmo tempo no Hutúz. Eu aprendi a conviver de perto com a diversidade, a respeitar essa diversidade. Foi um dos maiores aprendizados do Hutúz.

Canecão, ano de 2007, o tema foi "Circo Hutúz". Os apresentadores foram Sheron Menezes e Sérgio Loroza. Depois de entregar panfletos de divulgação, fazer a assistência de produção, a assistência de direção, a direção da cobertura audiovisual, minha missão agora era fazer a cena de abertura do prêmio Hutúz, uma cena que antecede a abertura do prêmio. É quando a plateia ainda está fria e dispersa, que entro em ação. "Respeitável público!" Foi o som que saiu do meu microfone. Eu estava vestido com um macacão colado no corpo, com uma touca, com um adereço na cabeça, e uma sapatilha no pé. Eu era o bobo da corte. Depois de dar as boas-vindas ao público, pulei da parte de cima do Canecão para a parte de baixo, e fui até o palco cantando "Tomei, tomei, tomei, toma, a brincadeira já vai começar", e fui até o palco, onde meu texto seguiu brincando com os patrocinadores, o público, os artistas, fazendo o que o bobo da corte sabe fazer de melhor: transgredir.

Ano de 2008, o tema foi "Carnaval Hutúz". Apresentadores: Nega Gizza e Dudu Nobre. Ela, a nega fulô, e ele o malandro do Carnaval. Nesse ano, a Cia. de Teatro Tumulto participou do vídeo de abertura, interpretando os grandes personagens que fazem o carnaval, do Oiapoque ao Chuí. Neguinho da Beija-Flor, interpretado pelo Tinhinho, Carlinhos Brown, interpretado pelo Paulo Rasta, Márcia Valéria interpretou a Nega Fulô, Lutieni Galiza fez a Quitéria Chagas, Dilene Prado fez a Selminha Sorriso, e o grupo Maracutaia representou o maracatu e outras manifestações nordestinas. Eu fiz o malandro do Carnaval e entreguei as chaves da cidade ao Rei Momo e suas rainhas, e chamei ao palco do Canecão o verdadeiro malandro do Carnaval e a verdadeira nega fulô: Dudu Nobre e Nega Gizza. Eles se encarregaram de comandar a festa. Nesse ano os shows do Hutúz, depois do prêmio, eram sexta, sábado e domingo. Não seria mais no cais do porto, mas na Lapa, no Circo Voador. Mais uma mudança brusca e as pessoas reclamaram muito. Gostariam que fosse no Armazém, mas o Hutúz se manteve fiel e isso fez com que as pessoas tivessem menos resistência nessa mudança. Continuou tendo Feira Hutúz, Hutúz basquete de rua, palco alternativo, palco principal, só mudou o espaço. Se perdemos de um lado, ganhamos de outro. A Lapa é indiscutivelmente de mais fácil acesso do que o cais do porto.

No Carnaval, tivemos, no Hutúz, a honra de receber, além de inúmeras personalidades do samba, a bateria da Portela, em grande estilo, encerrando a noite. Além da passista, Quitéria Chagas, musa do Ancelmo Gois, o gari Renato Sorriso, a porta-bandeira, Lucinha Nobre, e Sérgio Loroza cantando sambas inesquecíveis. Também teve a participação de boa parte do público, que subiu no palco e fez mais uma vez do Hutúz uma grande festa. As batalhas de MCs e b.boys sempre foram um show à parte. No entanto, o Hutúz também tem outras atrações, que extrapolam esse espaço de show do Canecão, Carlos Gomes, Armazém 5 e Circo Voador. Temos a intervenção de grafite, que já pintou vários pontos da Cidade Maravilhosa, deixando-a mais maravilhosa ainda. Uma das iniciativas que concentrou o maior número de grafiteiros no Rio foi a intervenção de grafite na feira no Jockey. Fizemos com grafiteiros de toda parte do Brasil e um deles era deficiente visual. A intervenção de grafite no trem da supervia, que era o sonho de muitos grafiteiros, foi a que teve mais horas consecutivas de grafitagem, durou mais de 48 horas ininterruptas.

A intervenção de grafite no Cine Odeon já se tornou uma tradição, e as pessoas que vão ao cinema começam a ter contato com as artes visuais desde o hall até a grande tela. O Hutúz Filme Festival é um dos festivais de cinema com a maior concentração de filmes que falam da temática hip-hop, e é uma oportunidade ímpar de acompanhar a cinematografia hip-hop. Além de servir para as pessoas do hip-hop lançarem filmes que falem do movimento dentro do movimento como "Lapa", de Emilio Domingues e Cavi Borges, e o filme de estreia de Alessandro Buzo. Isso demonstra também a legitimidade do festival. Hutúz Latino Americano, uma forma de juntar o rap feito na América Latina, e trocar informações dentro do continente, é uma experiência que deu muito certo dentro do Hutúz, e os representantes do Brasil no Hutúz latino-americano não ficam restritos nem aos grandes nomes do rap nacional nem ao eixo Rio-São Paulo. Seminário Hutúz eu considero como o momento de propor mudanças em vários sentidos, é o momento de refletir, de pensar o hip-hop, a sociedade como um todo, o Brasil. O seminário é um herói para mim também, porque já me salvou de muitas questões.

"Parabéns pra você" foi a última edição do prêmio, mas a estação Hutúz não vai deixar de ser sintonizada, pois o Hutúz acontece no mês de novembro como sempre foi. O prêmio vai deixar de existir, mas o Hutúz não. O prêmio deixou um legado, e nós daremos continuidade ao Hutúz. É o mês de novembro todo, um mês dedicado ao hip-hop. No último prêmio Hutúz, eu mesmo cuidei do meu figurino, cuidei do texto e me dirigi. Foi fantástico, fiz o MC Ben 10, em homenagem ao Hutúz que estava na décima edição e ao meu filho, que adora o Ben 10. Pela resposta da plateia, o meu Ben 10 caiu nas graças do público. Que bom, porque era minha forma de agradecer a esse público maravilhoso com quem eu pude aprender tanto todos esses anos. E o meu Ben 10 encerrou agradecendo ao que ele chamou de exército invisível, ou seja, as pessoas que produzem o grande Hutúz, aos faxineiros, garçons, aos produtores, aos assistentes de palco, aos maquiadores, aos porteiros, aos iluminadores, aos seguranças, aos diretores, aos cozinheiros, aos produtores, aos técnicos de som, aos bilheteiros, e a todos aqueles que fizeram com que o Hutúz seja uma grande referência no hip-hop e na cultura nacional. Agradeci principalmente a quem criou e manteve viva a chama do Hutúz, por tudo, por ter gerado mais emprego, autoestima; por valorizar a cultura, as pessoas; por possibilitar as milhares de oportunidades eu digo: SALVE HUTÚZ!

Estação Hutúz

NO DO

Cap.09
No olho do furacão

OLHO

FURA

CÃO

— Alô, poderia falar com o Celso?
— Quem deseja?
— É o Anderson.
— Pode dizer, é ele.
— Olá, Celso, o Bill pediu que eu te ligasse e falasse com você a respeito de umas fotografias que eu vou tirar para ele nos shows. Estou te ligando para acertar isso contigo, e gostaria de saber se você pode falar agora ou você quer que eu ligue depois, em outro horário, ou se posso falar agora, já que eu estou a disposição, como falei com o Bill. Daí é so tu dizer o que tu acha melhor...
— Pode falar.
— Então...
— Tua máquina é profissional?
— Sim.
— Tu já fotografou o quê?
— Eu fiz umas fotos...
— Tranquilo, irmão, qual filme tu usa?
— Então, depende...
— O Deybler vai estar com seu filme lá no show e acerta o resto com o Pedro.
— Valeu, Celso.
— Peraí, quem está falando é o Quack?
— É...
— Por que tu não falou que era você, tá querendo se passar por outra pessoa?

— Não, Celso...
— Valeu, valeu, pra mim tu deu mole, valeu.

Naquele momento eu entrei em desespero. Minha vontade era ligar para o Celso e dar uma ideia nele, dizer que eu jamais tentaria enrolá-lo, e o Bill já tinha me pedido que eu ligasse para ele e acertasse as coisas da fotografia. Então não tinha mesmo a intenção de fazer parecer que não era eu, só pensei no senso de profissionalismo que o Bill havia passado para mim, então achei por bem ligar e dizer meu nome em vez de um apelido que eu não considerava profissional. Eu estava a ponto de entrar em transe de tanto pensar naquela ligação, mesmo ele mandando eu seguir adiante e acertar as coisas com o Pedro e apanhar o filme para fotografar com o Deybler. Ele tinha me dado o aval para seguir, mas eu senti no tom da voz dele que ele não havia gostado da minha atitude de querer se passar por outra pessoa. Resolvi ligar. O telefone deu um único toque e eu pensei "Ah, ele não deve estar mais em casa!". No dia do show cheguei até a ele e pedi que ele entendesse, mas ele não quis explicação. Segui trabalhando com o Bill na banda, fui fotógrafo, fui road, assistente de produção, segurança. Fiz minha primeira viagem de avião para São Paulo, no dia 20 de novembro e fizemos um show na Praça da República. Nesse show eu tive de pedir dispensa do meu trabalho para poder viajar e isso, de certa forma, preocupava o Bill e o Celso, mas a cena seguiu. Um tempo depois eu fui a uma reunião com Celso, o Bill e a banda. Era a minha primeira reunião com o Celso lá em Madureira. Cheguei todo arrumado e o Bill estava almoçando. Sentei à mesa com ele, ficamos trocando uma ideia e o Bill me fez algumas perguntas. Ele queria saber se foi difícil me liberarem da PUC para estar naquela reunião, e eu respondi que não, mas que tinha trocado de folga com outro amigo. Subimos para a reunião e quando começou o Celso foi logo dizendo que eu queria dar uma de espertinho porque eu ganhava mais que todos ali. Fui me defendendo e dizendo que não, e ele disse: "Recebe sim, porque tu só vai para o show e ganha a mesma coisa que as pessoas que iam todos os dias." Eu fiquei meio sem saber o que dizer, o Celso seguiu dizendo que eu era um problema, que eu não podia viajar por conta do meu outro emprego, e que eles precisavam de outra pessoa. Simplesmente não lembro mais o que ele falou depois disso, abstraí numa viagem interior onde eu pensava em tudo que aquele trabalho já tinha me proporcionado, todo aquele aprendizado, a viagem de avião, o contato com a música que eu tanto havia sonhado na minha vida e, ao mesmo tempo, eu precisava daquele convívio, já havia me acostumado. Quando voltei a mim o Celso estava pedindo para que eu desse meu papo. Eu levantei e disse: "Celso, a única coisa que eu não quero é prejudicar o trabalho e se eu sou um problema, eu posso sair, eu entendi o que tu disse." Ele me fez entender mais ainda com outras palavras que ele falou, e eu, com os olhos rasos d'água, me silenciei naquela que seria minha última reunião com o Celso. Antes da reunião terminar, o Bill disse: "Bucha, só te peço que deixe o Quack aí na Cufa fazendo alguma coisa." E o Celso me olhou e disse "Tranquilo".

Fui embora, chorei no caminho de casa, parei em uma praça e refleti sobre aquele acontecido. Tentava não ser egoísta, mas quando via meu sonho indo por água abaixo, ficava inconformado. Tive muita raiva do Celso e o culpei durante uma semana. Na semana seguinte fui ao show do Bill, dessa vez como espectador, e estava lá um amigo mais jovem que eu, e que estava de fato precisando trabalhar. Imediatamente revi os meus conceitos e passei a olhar para o Celso com outros olhos, perceber o quanto ele era generoso e o quanto foi necessária aquela mudança na equipe. Depois o amigo que me substituiu veio a falecer, entrou outro e eu comecei ali uma outra história. Daí foi deixar as coisas acontecerem no seu tempo e trabalhar muito. Com o Celso aprendi o valor da atitude, da iniciativa, da autoestima, do protagonismo, da lealdade. Minha vida virou uma roda viva e gigante. Há dez anos não tenho nem férias e nem folga, mas uma satisfação enorme de fazer o que faço e de ser quem sou. As viagens aumentaram, a disponibilidade diminuiu, a responsabilidade é tamanha e não temos tempo a perder, cada minuto que o relógio marca é uma decisão que precisa ser tomada.

A Cufa é uma instituição nacional, e nos encontros vivemos sempre momentos marcantes, muitas decisões importantes são tomadas em âmbito institucional. O sotaque de cada Cufa é tal qual a ação que é feita em cada estado particular, e tudo junto vira uma grande diversidade sociocultural. No último seminário, em Porto Alegre, eu estava não só por conta do seminário, mas também pelo filme institucional da Cufa nacional. Para mim foi uma oportunidade de conhecer melhor outras pessoas e o que elas estavam pensando sobre a Cufa. Acabei vendo o seminário por outro ângulo. "Nossa a Cufa é rica demais!" – disse comigo mesmo. Quando fiz a primeira entrevista por volta das 10h no terraço do prédio, pensei que seria muito tranquilo meu trabalho, falar 5 minutos, no máximo, com cada entrevistado, e não esquecer a pergunta da Patrícia Braga, coordenadora do núcleo de Audiovisual da Cufa.

"Aline, o que é a Cufa pra você?" Falei com tom de bom dia. "A Cufa, pra mim, é uma coisa que sai do fundo do... Ai, Quack, posso repetir?" Eu sabia que o primeiro sofreria as consequências de ser o primeiro, está todo mundo frio, eu, o entrevistado, o projeto.

No olho do furacão

A Cufa realmente mexe muito com as pessoas, com as famílias das pessoas, e com tudo que está em volta. Ouvi o MT Tom, de Minas Gerais, falando de como a família dele o apoiou, inclusive o irmão que está privado de liberdade. O Thiago da Paraíba falou das mazelas do estado, mas que ele está na luta para a mudança.

Meu parceiro Dyscreto fez jus ao nome e falou pouco, mas falou bonito.

> — Dyscreto, o que representa esse encontro pra você? — falei assim meio solto.
> — Quack, eu entrei na Cufa no encontro que teve em 2007, na Cidade de Deus. O Linha[1] me convidou, eu fui e estou aí. Sou Cufa até o osso.

E eu disse:

> — Então faz uma rima com o nome da Cufa!
> — Não, vou fazer melhor, vou dizer o que eu vejo da Cufa em um trecho que diz assim:

"O bonde não para, estamos juntos novamente.
Os pretos da favela aqui virou linha de frente.
Acreditando, carregando no peito.
Emergindo do fundão, fazendo do nosso jeito, preto!
Pra quem não acreditou... Veja bem que se enganou
O bonde passou levando poeira,
atropelou quem não foi, ficou.
Deixa que agora a favela invade
E cada vez mais junto é nóis fortalecendo a cidade."

Nesse clima ia chegando ao fim do meu trabalho e faltavam poucos estados a serem entrevistados: Tocantins, Rio Grande do Sul e Pernambuco. A última entrevista foi muito boa, eu fiz a primeira pergunta, e ele foi falando. Depois de 25 minutos ali fiz a pergunta que a Patrícia me incumbiu de fazer.

[1] Linha Dura é coordenador da Cufa Cuiabá.

— O que é a Cufa pra você?

Era a última vez que eu faria aquela pergunta no 5º encontro.

— Quack, é difícil dizer o que é a Cufa...

No fim daquele mesmo dia, no auditório do 10º andar do hotel Albert, vinha a resposta:

> — Celso, eu quero largar tudo e fazer só isso — disse Manoel Soares.[2]

Trecho de um depoimento pessoal

> Eu, Anderson Quack, carioca da Cidade de Deus, fui criado com dificuldade em uma favela. Esse lugar onde não se discute a liberação das drogas, aborto, maioridade penal, está tudo estampado na nossa cara todo dia. É um corpo que queima, é uma criança que chora, é um pai que vai embora, e nós temos de ficar, faça chuva ou faça sol. Minha infância foi muito animada e minha mãe sempre desejou que eu tivesse uma profissão, porque se nada mais restasse, eu tinha um diploma, eu saberia fazer algo, eu seria um Zé alguém, o que já era melhor que um João ninguém. Dentro dessa lógica de estudar e de se profissionalizar, minha mãe me inscreveu em quantos cursos pôde. Comecei pela datilografia, era no mesmo colégio que eu estudava, o Pedro Aleixo. Achava que isso era coisa de mulher e não de homem, e ficava constrangido de sair de casa com minha pasta azul e meus trabalhos de datilografia, mas fiz o curso até o fim. Minha mãe seguiu colocando eu e minha irmã em cursos. Fomos para a FEEM (Fundação Estadual de Educação ao Menor), me inscrevi em serralheria e minha irmã em manicure. Lá conheci o que seria a geração do crime no fim da década de 1990. A maioria morreu. Nós íamos para a FEEM de macacão e as mulheres de jaleco, e eu comecei conhecendo as ferramentas e os materiais:

---

[2] Jornalista da RBS e coordenador da Cufa Porto Alegre.

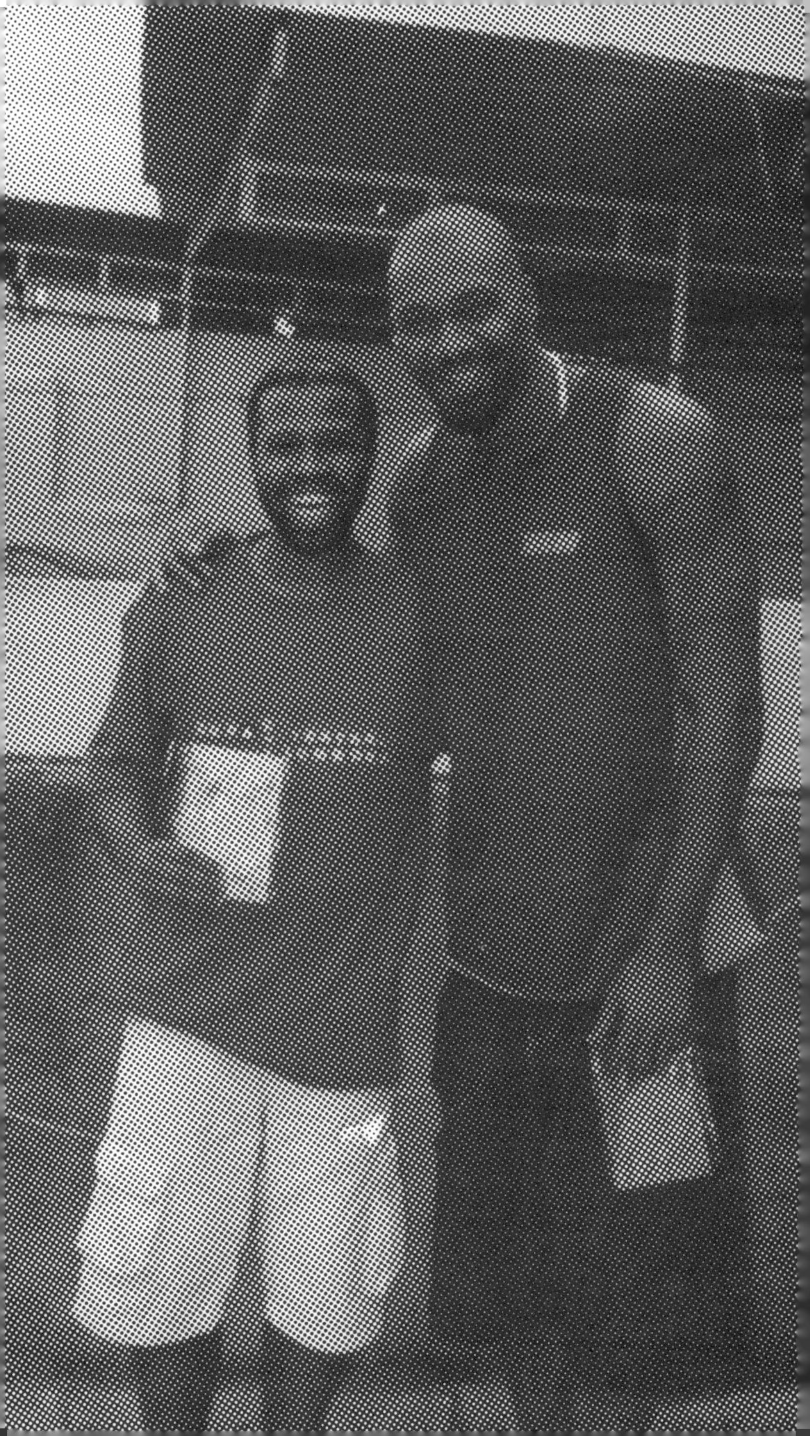

grosa, lima, eletrodo, óculos, máscara de solda. Estava feliz ali, minha mãe estava feliz. Quando ela está feliz minha felicidade está praticamente completa, mas eu estava feliz também porque a comida estava garantida. De toda forma, eu gostava de aprender e já tinha planos para serralheria.

Vários jovens da Cidade de Deus se profissionalizaram ali, nos cursos de mecânica e pintura de automóveis. Passei um bom tempo na FEEM, mas não cheguei a me formar, porque minha mãe já tinha conseguido outro curso para mim. Dessa vez era no Senai, na Tijuca, e o curso era de bombeiro hidráulico. Depois que terminei esse, ela me aconselhou, já que eu estava lá, a fazer o de eletricista, e eu fiz. Não entrei no de refrigeração, porque já era tempo de ir para o quartel. Nesse momento em paralelo com o curso, fiz o ensino médio técnico em administração. Era também uma sugestão da minha mãe, segundo ela eu poderia ser aproveitado em alguma empresa. Fiz a prova, passei e cursei, ainda no fim do 3º ano. Minha mãe sugeriu que eu me inscrevesse em um pré-vestibular para negros e carentes, que acontecia no Colégio André Maurois, na Gávea, e eu fui. Durante um período estudávamos lá eu e minha mãe, depois de um tempo passamos a estudar e a vender balas na hora do intervalo. Chegou o vestibular, minha mãe passou, e eu fiquei pela primeira vez reprovado. No ano seguinte minha mãe me matriculou em outro pré-vestibular para negros e carentes, dessa vez na Cidade de Deus. Fiz um tempo, depois saí. Segui prestando vestibular e fui parar na Aeronáutica. Fiquei quatro anos lá, e fui para a PUC. Nesse período, minha mãe não me matriculava mais em curso nenhum, mas me aconselhava a cuidar daquele emprego porque muitos desempregados desejavam estar ali e não foi fácil entrar. Só que eu tentei sair do meu emprego três vezes, era um emprego de médio porte, não teria uma carreira brilhante, mas também não passaria fome e teria um plano de saúde, para mim e para minha família, além de faculdade paga e outras coisas. Estive na PUC do Rio por quase toda a minha vida. Meu pai é funcionário de lá.

Quando a Cufa foi criada, comecei a frequentar e a me dedicar em tudo que o Celso me colocou para fazer. Fui me entendendo nesse processo. Meu coração batia diferente todo mês de novembro, no Hutúz. A questão era que eu ia para o Hutúz trabalhar e depois ia para a PUC, e assim seguia desde quando era Semana Hutúz, Quinzena Hutúz e depois Mês Hutúz. Nesse mês, com todas as influências do evento, eu não conseguia ficar focado na PUC. Afinal eu tinha pensamentos estranhos quanto àquela gente, aquele mundo. E a explicação para isso é a força que os raps no Hutúz traziam com suas letras que falavam, principalmente, de desigualdade social e racismo, que eu transportava para a minha realidade na PUC, onde o número de pretos na universidade era pífio. Ao mesmo tempo, o Hutúz me dava autoestima, perspectiva e capacidade de sonhar, que mesmo com poucos pretos nas salas de aula, tanto no lugar do aluno quanto no lugar do professor, me fez perceber um outro horizonte por meio da literatura e de personalidades como Milton Santos, Lélia Gonzalez e Nei Lopes. Eu parei de ignorar a falta de equilíbrio na universidade e partir para a ação. Nesse processo de mudança que eu, por três vezes, procurei o Celso e, posteriormente, o Bill e disse "Celso, quero sair da PUC." "Bill, quero sair da PUC." Celso, da primeira vez, respondeu "Quack, não faz isso, tu casou agora, nem sei se a Cufa vai dar certo, depois vai ser mais um pra sofrer, eu já tô fudido, fica lá, aqui tu tem seu espaço". Falou mais um pouco, mas eu não consegui acompanhar mais nada porque meus planos haviam sido frustrados. O Bill, quando fui falar com ele no mesmo dia, disse "Quack, tu já falou com o Bucha?" "Falei, Bill", respondi com a voz baixinha totalmente diferente da habitual. Ao saber a resposta do Celso, Bill disse "Avalia aí, mas pensa nisso aí, isso que o Bucha disse." Confirmava-se ali a minha não saída da PUC, no ano de 2002. Nessa ocasião, eu trabalhava com o Bill na banda, época que ele lançava seu novo CD "Declaração de guerra".

Dois anos depois, em 2004, muitas águas haviam rolado na minha vida e na vida da Cufa. Foi o primeiro ano que fomos no Criança Esperança, eu era o coordenador do núcleo audiovisual da Cufa, e tinha uma dúvida na minha cabeça. Precisava tirar urgentemente, recorrer mais uma vez ao Celso, dessa vez por dois motivos. O primeiro era saber meu valor na Cufa e o segundo era o que o Celso achava de eu sair da PUC. Nesse ano esse embate do Hutúz com a PUC se deu de forma mais forte e eu quase pirei. Nessa ocasião consultei Bill depois do Celso novamente.

A PUC passou a me respeitar mais pelo que eu era fora dela do que pelas funções que eu exercia nela, e isso me atormentava. Professores e, principalmente, alunos me solicitavam a todo tempo para falar de audiovisual (principalmente cinema), para falar de teatro, convidavam para apresentações, os professores me levavam para sala (foi onde de certa forma eu comecei a palestrar ainda que inconscientemente), e eu ia pirando com isso. Gravei dois programas falando da minha relação com o Bill, um no Multishow e o outro no GNT, até que no fim do Hutúz 2004 chamei o Celso mais uma vez. Dessa vez, a conversa foi na casa dele, em Madureira.

Passei um e-mail para ele e disse que precisava falar algo pessoal e importante. Chegamos lá, eu e Priscilane, com o golzinho batedeira que meu pai tinha na época, toquei o interfone, ele abriu a porta e subi. No apartamento ainda estavam os vestígios do Hutúz, vários livros do Hutúz, credenciais de matérias etc.

— Celso, vim aqui pelo seguinte: tô querendo que tu me diga qual o meu valor na Cufa.

A questão não foi essa, mas esse era o enredo.

Celso calmamente me respondeu:

— Você não deveria estar me fazendo essa pergunta.
Eu arregalei um olho e disse:
— Por quê?

Ele responde:

— O que temos de mais importante hoje você coordena.

Eu senti a maior vergonha do mundo e fiquei argumentando coisas sem sentido para tentar esconder a minha vergonha, que era flagrante.

— Celso, quero te dizer outra coisa.
— Fala.
— Quero sair da PUC.
— Por quê?
— Celso não dá mais, eu...

Com argumento é difícil debater com o Celso. Sem argumento, desiste.

— Tem certeza que é o momento de trocar o certo pelo duvidoso? A Cufa não vai parar, eu sei, mas você hoje é um dos mais atuantes na Cufa, mesmo tendo outro trabalho. Talvez sair de lá e vir para cá resulte em outra relação.

Quando dei por mim já estava chegando no apartamento que morei durante meu primeiro ano de casado. Meu irmão havia alugado por 100 reais, era a forma dele me ajudar.

Quando falei com o Bill já fui dizendo assim:

— Bill, estive conversando com o Celso sobre aquela parada de sair da PUC e a gente chegou à conclusão de que ainda não está na hora e mudei de assunto para o clip novo que estávamos fazendo.

Essas duas conversas com o Celso e com o Bill foram estruturantes para a minha carreira e para a minha vida pessoal. Passei mais dois anos na PUC, nos quais aproveitei aquela universidade o máximo que pude. Estudei com os melhores professores como ouvinte, fiz amizades importantes para o meu meio profissional, e enraizei de vez minha função na Cufa. Não descansei um só minuto, várias vezes fui tirado da Cufa no dia 24 de dezembro, com o Felha editando, reuniões com o Celso nos fins de semana, reuniões de madrugada. Comecei a viajar, dar palestras pela Cufa, ampliei meu leque de relações. Produzi uma das melhores e mais marcantes formaturas da Cufa no curso de audiovisual, produzi o primeiro seminário estadual da Cufa, e fui me lançando, até que um dia pensei em tudo que eu havia aprendido naqueles anos todos de Cufa, com tudo que a Cufa me ofereceu para eu me capacitar e me lançar, refleti sobre como a Cidade de Deus, a PUC e todas as pessoas me viam. Em como mudou a relação a partir do momento em que as pessoas passaram a me ver na televisão, nos jornais e nos meus próprios trabalhos. Decidi que falaria pela última vez com o Celso e com o Bill sobre minha saída da PUC. Eu sempre tive o Celso e o Bill como pessoas que respeito, e essa compreensão do quanto pesava a opinião deles na minha vida.

Falei com a minha família, com a minha mulher e fui falar com o Celso.

— Celso, eu aprendi muito todos esses anos com você e com o Bill e eu me sinto na condição de dar outro passo. A PUC me oferece coisas das quais eu já não preciso mais, e na pior das hipóteses, se nada mais der certo eu volto ao meu primeiro trabalho, vender picolé. Além do mais, Celso, pode ter certeza de que eu não vou sair pra ficar nas suas costas e nas costas do Bill, eu vou ralar pra chegar onde eu quero e nem vou virar as costas para Cufa quando as coisas derem certo pra mim, porque eu serei eternamente Cufa.

No que o Celso me respondeu enigmaticamente:

— Não estou certo de que você está errado.

Essa frase, desse jeito que ele falou, nunca mais saiu da minha cabeça. Celso generosamente me fez outra proposta, aceitei e fui conversar com o Bill, que é para mim uma espécie de velho do rio, guru, padrinho, irmão mais velho, amigo, grande amigo, parceiro, conselheiro, espelho, traficante de informação, chapa preta, cidadão comum refém e, sobretudo, guerreiro. Bill e eu conversamos muito durante a nossa juventude, eu me alimentava dessas conversas, meus amigos mais chegados não trocavam ideia a respeito da vida, era só papo de mulher, tráfico e funk. Não tínhamos o que chamamos de "papo de futuro". Já com o Bill, os papos eram outros, sempre de futuro. Sou privilegiado por ter nascido na geração de Celso e Bill e de poder conviver com eles. Muitos dos meus amigos teriam tomado outro rumo assim como eu tomei.

Hoje, além de diretor da Cia. de teatro Tumulto, que idealizei, fundei e dirijo, estou aqui para dar um depoimento importante para a história da Cufa. Essa decisão, de sair da PUC, ocorreu no ano de 2006, e nesse mesmo ano, para que pudesse confiar ainda mais que tinha tomado a decisão certa, o Lázaro Ramos decidiu me convidar para trabalhar com ele no programa "Espelho". Após quatro temporadas como seu assistente de direção, ele me convidou para assumir a direção geral do programa, e essa foi uma das várias transformações que a Cufa fez e faz. Como disse o cineasta Spike Lee: "Faça a coisa certa."

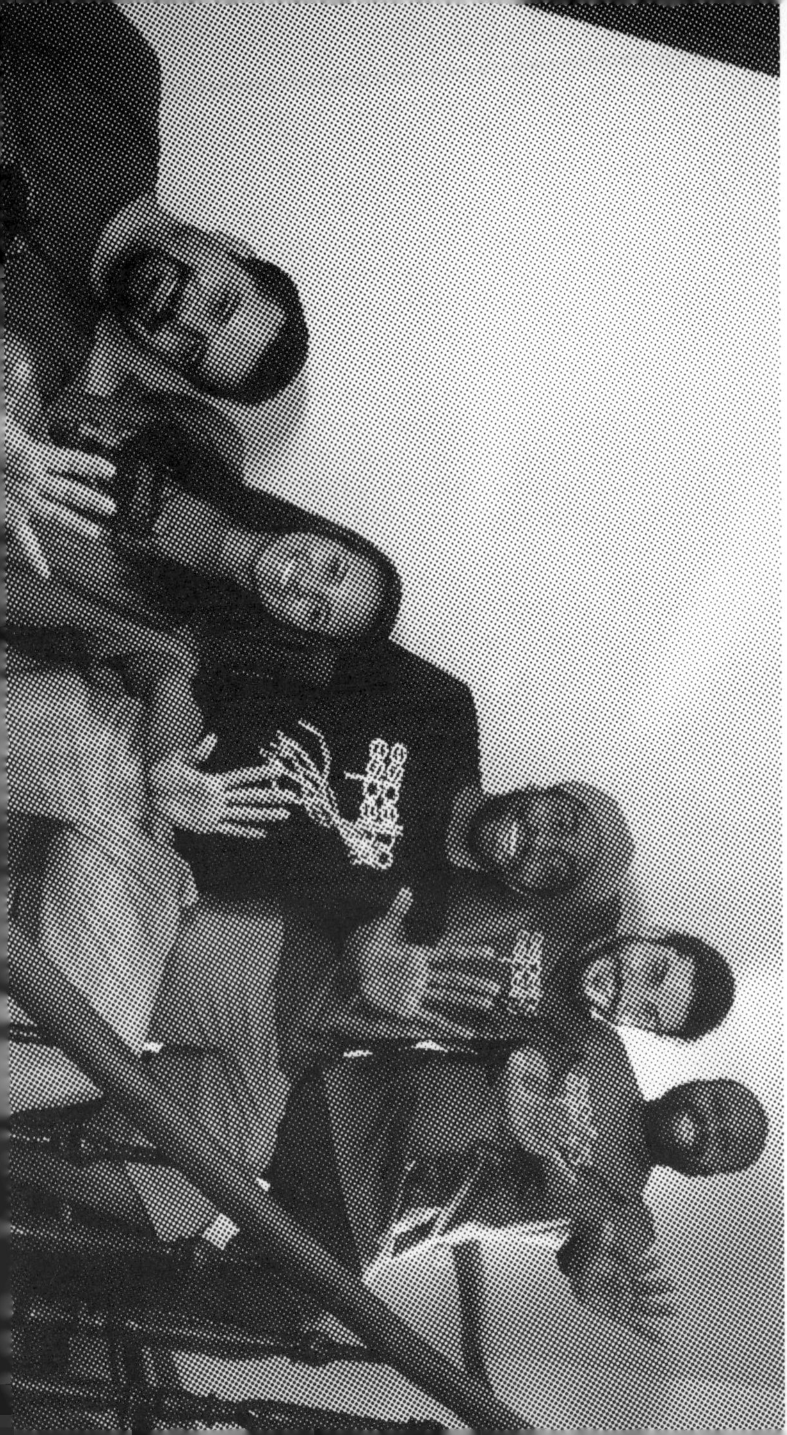

Anexos, por
Anderson Quack

A seguir textos publicados no blog
do programa "Espelho"
(http://programaespelho.blogspot.com/)

Quarta-feira, dia de defumador

As favelas do Rio se modificaram muito e na Cidade de Deus não foi diferente. Na minha infância, a favela atravessou uma fase muito complicada: a famosa guerra do Mané Galinha contra o Zé Pequeno. Na verdade era Zé Pequeno contra Mané Galinha. Meu pai era muito amigo do irmão do falecido Pequeno, o também falecido Guto, que vem a ser pai de um falecido amigo de infância, o Tico.

Crescer diante do tráfico não foi fácil, porém, o complicado mesmo era os policiais acreditarem que a casa que meu pai havia comprado do Pequeno não tinha relação com o dinheiro do tráfico. Demorou, mas os policiais reconheceram que, apesar da amizade com o pessoal, meu pai era um homem de bem. Diante de tanta perturbação por conta da tal casa, minha mãe achou por bem se mudar dali, e comprar um apartamento nos AP, como é conhecido o conjunto Gabinal Margarida. Na verdade, isso é uma briga boba, quem mora nos AP tinha um costume de dizer que morava na Freguesia, em Jacarepaguá, só para se diferenciar do pessoal que mora no outro lado. Toda essa confusão se dava porque nas contas de luz vinha escrito "Freguesia", mas na prática tudo era favela, e tudo era CDD, já que o arquiteto que projetou nossa comunidade batizou ruas e praças com nomes bíblicos, o que caracteriza a "Cidade de Deus". Mas todo esse rolo hoje foi superado e essa talvez seja a mudança de hábito mais latente vista de dentro, apesar de ter mudanças bastantes significativas que poucas pessoas perceberam. Vou listar algumas que percebi:

> 1º - O tráfico ficou cada vez mais pesado, e, apesar disso, eu vejo que os jovens hoje têm mais opção.

> 2º - O número de religiões aumentou consideravelmente. Engano! O que aumentou foi o número de igrejas evangélicas e com isso uma série de transformações tais como o enfraquecimento da macumba dentro da favela.

Quarta-feira era certo ter defumador no meu prédio, do primeiro ao quinto andar, nos dois lados do prédio. Era uma cantoria e um fumacê só. Eu gostava porque tirava os mosquitos, e como sou muito musical curtia as músicas também. Minha irmã diz que tinha diferença. O defumador de quarta era de Xangô, um defumador da justiça, já no de sexta-feira era de limpeza, de descarrego. Minha irmã fala que na minha casa o defumador era a moda vai se embora, vai vendo.

A música que mais gostávamos era "Nossa Senhora, incensa a sua casa, com Jesus Cristo eu vou incensar, mas eu defuma com as ervas da jurema, para o mal sair e a felicidade entrar". Hoje o fumacê é de fato o do mata-mosquito. Acabaram na favela os defumadores e as cantorias, os vizinhos que não viraram crentes deixaram de fazer o defumador, não me perguntem o porquê. Mas de uma coisa eu sei: se passarmos a prestar mais atenção na vida, nos vizinhos, vamos perceber o quanto estamos deixando nossa cultura, nossos hábitos e nossa história de lado.

Minha coluna no blog do programa "Espelho" vai falar um pouco disso: amor, família, cultura, arte e tudo mais que ajuda o ser humano a ser um ser mais humano.

"Quarta-feira, dia de defumador queimar todo o mau olhado com o seu odor." Esse é um trecho da música do MV Bill chamada "Marginal Menestrel".

Orkut

Em primeiro lugar gostaria de saber se você tem orkut.

Pois é, eu não tenho. No entanto, ele me tem!

Esse tema me ocorreu quando um grupo de amigos me indagou se eu tinha orkut. Eu respondi que não. Perguntaram para mim se tinha foto minha nos orkuts de outras pessoas. Perplexo, respondi que não, e que eu não me deixava fotografar. Então decidiram fazer uma busca, pasmem vocês, um monte de fotos, até da época de criança. A essa altura minha cara tinha caído no chão.

Imagino que a internet ainda não tenha criado uma ferramenta que alterasse tanto o comportamento das pessoas como o orkut. Já ouvi pessoas comentando que iam dar uma festa para depois ter novas fotos para postar no orkut, e apesar de toda essa mobilização, os engraçadinhos põem cadeado só para os mais chegados verem. O que entendo disso é que eles querem ser vips.

Sei de pessoas que criaram orkut apenas para irem atrás de amigos de infância. Sei de gente que casou, namorou e o pior, se separou por causa dessa ferramenta, apenas porque os textos dão margens a interpretações comprometedoras, e para uma pessoa ciumenta basta. Fora as relações que já estão por um fio e precisam de um peteleco para terminar.

Saindo do âmbito dos relacionamentos amorosos, o orkut tem outras facetas. Uma dessas é a relação profissional, eu particularmente nunca soube de alguém que arrumou um trampo via orkut, mas há quem confirme essa tese. Tem aqueles sem-noção que marcam e desmarcam compromissos por scrap. E depois dizem "Você não viu meu scrap?". E outros mais assanhadinhos que ficam dias e dias se correspondendo por depoimento.

Há certas coisas que chegam a me indignar: pessoas fazem questão de criar comunidades para encher o saco do próximo com scraps "Add minha comu aí". Faça-me o favor, né?! E as frases de efeito? Nossa, essas são demais! Aí vão algumas selecionadas por um amigo, que colaborou com esse artigo:

> "Estou tentando me reinventar diariamente... Definam vocês!"
> "A vida é bela! O negócio é aproveitar cada minuto, pois o tempo passa muito rápido!"
> "Nada do que vivemos tem sentido, se não tocarmos o coração das pessoas."
> "Eu sou quem sou por mérito e esforço meu, desculpe-me os simples mortais."

Se as frases têm efeito ou não, não sei dizer. O que sei é que ainda ontem, quando eu comprava um chocolate para me aquecer do frio, se aproximou de mim uma moça, até que ela era bonita, mas o que me chamou atenção foi a frase de efeito que ela carregava literalmente no peito, a frase dizia: "50% solteira". Caí na armadilha e comentei: "Poxa, camisa interessante". Ao que ela respondeu: "Nossa, quando eu botei foto minha no orkut com essa blusa foi a maior polêmica, as pessoas querem saber onde estão os outros 50%". Concluí, com esse fato, que eu não tenho orkut, mas ele me tem... E, para ser honesto com todos os leitores do blog do programa "Espelho", eu já tive um orkut!

Carta para meu amigo Luiz

Luiz, meu caro amigo,

Hoje é dia 4 de novembro, o Dia da Favela. Essa é uma conquista que achei que deveria lhe falar de primeira mão. Há tempos venho pensando em você, na sua ida para a Europa e, justamente, hoje, uma sucessão de fatos fez com que eu tomasse coragem de escrever esta carta.

Amigo, depois que saí do aeroporto do qual seu avião partiu venho refletindo sobre tudo que construímos, sobre seus desejos e planos, e realmente acredito que a Europa seja mesmo o continente mais propício para seguir a carreira que escolheu, já que aqui no Brasil esse mercado ainda é muito fechado. Mas como desde lá perdemos o contato, envio essa carta sem a certeza de que você irá recebê-la, acreditando que a nossa relação é tão forte que você ao menos sentirá comigo.

Eram 11h quando saí para um dia intenso de reuniões e compromissos inadiáveis. Segui para o ponto de ônibus a fim de tomar uma condução para Madureira. Alguns minutos após eu estar na condução, entrou um senhor branco e sentou-se a meu lado. Não deu um minuto, e ele disse:

— Esse ônibus passa no mercadão?
— Não — respondi.

O senhor, um vendedor aparentando 80 anos, cabelos grisalhos, puxou vários assuntos como camelôs, raça, bairros que eram mais ou menos comerciais, como o Méier etc. O último assunto dele foi o mais engraçado:

— Tem mulher que não valoriza o homem que tem – disse.
— Por quê? – indaguei.
— Tem uma amiga minha que tinha um homem que dava tudo pra ela: carro, casa, comida... Mas ela sacaneava o cara demais. Quando ele largou ela e casou com outra,

> ela passou a querer a casa, e não sei mais o quê lá.
> Benfeito! Tinha tudo, não soube aproveitar, agora não
> tem mais nada. — e desceu na rua Padre Mansa.

Meu dia havia começado bem. Afinal, não é todo dia que se encontra um senhor de 80 anos com essa vitalidade e, ainda por cima, falastrão. As reuniões que eu tinha em Madureira, as duas, eram com pessoas muito jovens e com um pensamento bem oposto ao daquele senhor com quem havia estabelecido um diálogo de cerca de 35 minutos. No entanto, as suas realidades são parecidas.

Luiz, tenho outra boa notícia para lhe dar. Lembra aquele trabalho que eu iniciei em uma produtora há três anos? Então, esse ano eles mudaram o formato do programa e eu vou dirigir. Gostaria de podermos estar juntos para "bebemorarmos", fazermos um brinde, um churrasco... Aliás mande notícias da gastronomia daí. Se desse, eu mandaria uma feijoada, um churrascão daqueles ou um camarão, mas deixa quieto, eu só não estou mais feliz porque sou um só. Eu começo o trabalho em dezembro. Lembra do Cidinho? "Eu só quero é ser feliz, andar tranquilamente na favela onde eu nasci e poder me orgulhar e ter a consciência que o pobre tem seu lugar." Então, ele faz parte do pacote de boas notícias. Ele ligou me convidando para dirigir seu DVD, cujo nome será "Nossa história". É o máximo, não? Eu gostaria que você estivesse aqui para ver tudo isso de perto, para lhe dar um abraço e rirmos juntos.

Mas e aí, amigo, como anda o transporte público onde você está? Porque aqui as coisas vão mal para quem depende deles cotidianamente. Eu estou usando todos os transportes disponíveis e não tem sido muito agradável, salvo pela proximidade com o povo carioca. Mesmo depois de ter pego o 701 para Madureira, eu ainda tive que me aventurar no trem Santa Cruz x Central (o famoso direto). Lá, a situação anda um tanto caótica com tantos vendedores ambulantes. Alguns, inclusive, me convenceram com seus bordões cada vez mais criativos e originais. O vendedor de água, confesso, nem era lá a criatividade em pessoa, mas como o calor aqui não brinca em serviço, é melhor estar sempre munido de uma garrafinha d`água. Já o vendedor de chocolate se aproveitou do clima tenso que vive a nossa cidade para sair vagão afora gritando "É a última caixa", como se alguém lhe tivesse assaltando. Após chamar a atenção de pelo menos uns três vagões ele dizia "Quatro barrão láctea a 1 real". Eu obviamente comprei para dar às crianças lá de casa, que se você visse nem acreditaria de tão grandes e inteligentes que estão. Detalhe é que procurei, procurei, procurei e não achei nenhuma marca na barra de chocolate, o que dirá Lacta.

As coisas até que acabaram melhorando no metrô, mas antes de sair do trem rolou uma cena costumeira, que eu gostaria muito de saber se acontece aí na Europa. Quando o trem chega na Central é um alvoroço só, onde mesmo lotado, ninguém sai antes da muvuca entrar. Chega a ser engraçado, mas a realidade é muito triste. Saber que o brasileiro segue em direção ao trabalho e depois de ter encarado 12 horas de trabalho não pode voltar para sua casa com dignidade. A mesma que faltou quando ele foi para o trabalho. Penso que as autoridades deveriam rever o transporte público no país, não somente no que diz respeito ao bilhete único, como muito se prega em época de campanha política, mas também no bem-estar e na garantia do ir e vir do cidadão que depende do transporte público. No entanto, no metrô, as coisas vão bem, obrigado. Assim como nos táxis e no cardápio variado de conduções para Zona Sul. O problema está quando se sai da Zona Sul para Zona Oeste. Caminho no qual o menos pior a se fazer é pegar uma van. Aliás, esse serviço existe aí?

Meu caro amigo Luiz, regressei para casa às 23h e constatei que uma das coisas boas que esse dia me proporcionou foi o contato direto com o povo brasileiro, que apesar de ganhar pouco, inventar profissões, continua acreditando na vida, no outro, se ajudando e isso é o que me faz ficar aqui, talvez. Na verdade eu não sei mais o que me faz ficar aqui. Estou querendo muito lhe ver, estou querendo muito que você veja as crianças, e por último quero lhe dizer que muitos de nossos amigos estão na faculdade. Isso prova o quanto todos nós estamos mudando. O Thiago está fazendo comunicação social, Torquato, engenharia, a Prisci, contabilidade, a Elaine e o Ricardo, teatro, e a Sol, literatura. Enfim, a vida segue.

Eu estreio um novo espetáculo em dezembro chamado "Burguês da Lata", nossa adaptação do "Burguês Fidalgo", de Molière, além de estar em cartaz com um infantil premiado de nome "Paparutas", aquele que você assistiu na montagem anterior. Mudei algumas atrizes e mandei ver. O Lázaro ainda não veio ver, mas disse que vem.

Um abraço fraterno do seu amigo, irmão, pai...

O MC faz o funk e todos nós o movimento

No início dos anos 1990, comecei a frequentar as matinês do Coroado de Jacarepaguá, na Cidade de Deus. Essa matinê rolava das 16h às 20h. Às 20h30, começava o baile funk do Coroado, com a equipe Jet Black. Nessa matinê ouvíamos músicas da Xuxa, da Angélica, lambada e, sobretudo, funk, muito, muito funk. A maioria das músicas era funk com batida gringa e letra nacional, o que chamamos de versão da música tal. Naquela época, eu gostava bem menos de música gringa do que eu gosto hoje, mas já curtia na matinê do Coroado Trinere, Stevie B, Tony Garcia e das gringas a que eu mais gostava era "Everybody say yeah..." e nós completávamos com "bota pra f...". Das nacionais, a que eu mais gostava era uma do Movimento Funk Club, que dizia assim no refrão "Eu moro longe pra lá de Nova Iguaçu, se você não gosta, vai tomar no c...". Essa música conta a história da segregação dos playboys praianos aos moradores da Baixada, que enchiam a praia aos domingos. Como eu tenho meu pai vindo da Baixada, sentia-me agredido com isso, fazia da música meu grito de guerra como se eu tivesse realmente sido criado na Baixada.

Na matinê do Coroado, fiz amigos, arranjei algumas namoradas e dancei muito o passo do "aleijadinho". Era uma época de pura diversão, em que nós mostrávamos um novo penteado, um cabelo loiro, um corte extravagante, uma roupa nova de marca ou não. Eu tinha um charme de entrar comendo um chocolate, era uma espécie de objeto de sedução para atrair as meninas. Muitos encontros de colégio foram marcados ali, aquele era o nosso baile funk e nós éramos felizes com ele.

Os adultos adoravam ir à matinê, era o "esquenta" deles. Chegavam da praia e iam direto pra lá, tomavam suas cervejas, viam os filhos dos amigos e seus próprios crescerem, compravam o ingresso da noite antecipado e marcavam até algum apontamento com uma mina ou as minas com os caras. Quando a matinê ia acabando, alguns meninos mais velhos já com 15, 16 anos se escondiam em algum lugar para ficar já para o baile. Eu lembro que o falecido Jean Cabeção e o Gilberto, fiel escudeiro do Edinho do bl. 12, um dos moleques com quem eu mais gostava de jogar no ataque e que é meu amigo, sempre se escondiam para ficar mais tarde no baile de graça. É porque nessa época menor não entrava sem o responsável. Eu era um pouco mais novo, meus pais eram rigorosos com o horário e eu obediente, então quando dava 22h era casa. Eu até gostava quando acabava a matinê, porque eu ia para a praça do AP paquerar ou ia para alguma escada namorar, de preferência a do bl. 12, que dava para ver o interior do Coroado. A praça do AP fervia, era muita gente bonita, alegre, tínhamos nessa época muitas pessoas de skate, bicicleta. Todo mundo trajadão, era muito bom.

Às 20h30, já se ouvia o som da Jet Black tocando charme. O charme em particular é um gênero que a favela sempre curtiu. O baile era divido em três momentos: o 1º era do charme, o 2º da música lenta e o 3º do funk. Os três momentos tinham seu valor, mas o funk parecia arrebatar mais que os outros. Eu lembro que na parte do charme eu curtia do lado de fora, na hora da música lenta eu tinha que ir para casa, e na hora do funk eu já estava de pijama, e foi assim que eu ingressei no baile funk da pesada, de pijama. Os primeiros funks que escutei já foram no meu quarto, no apartamento 206, do bloco 14, na CDD. Lembro bem do "Tcho tcho mere", que na realidade é It's automatic, Spring Love "Spring Love come back to me..." e Just like the wind "As I look into your eyes...". Hoje, quando vejo o Coroado vazio, sem matinê, sem baile, fico recordando toda aquela época. Eis que surge uma lei que foi aprovada dando pleno direito às favelas de fazerem seus bailes porque o funk é patrimônio cultural. Fiquei muito feliz com esse avanço, pois o funk sempre foi plural e sempre teve a participação da massa, mas hoje vivemos uma realidade diferente daquela em que o baile no domingo acabava à meia-noite. Hoje, o baile no domingo começa à meia-noite, os amigos que iam ver os filhos dos outros e os seus crescerem hoje estão disputando e desejando os filhos alheios para sexo e praticando a pedofilia. No entanto, sou totalmente favorável à lei do funk, assim como a descriminalização da maconha, mas acho que agora todos os funkeiros é quem vão decidir o que fazer com a lei, como cabe à sociedade educar seus filhos e encaminhá-los para o caminho do bem. Minha mãe fez a parte dela, agora, fazer a minha cabe a mim.

Overdose de Boal

O primeiro livro de teatro que me indicaram e que li foi de Augusto Boal. Isso fez com que eu tivesse coragem de fazer teatro dentro e fora da favela. Depois até fundei um grupo de teatro na Cidade de Deus com uns amigos. Boal, em sua literatura e experiência, me encorajava a fazer teatro como meu pai me encorajava a jogar futebol.

Tive oportunidade de participar, em uma etapa da minha vida, de oficinas com o Boal e o pessoal do Teatro do Oprimido na Lapa. Foi um momento mágico em minha vida. Dias intensos de experimento teatral, discussões do ser humano melhor e, sobretudo, possibilidades cênicas que a vida lhe dá. Porque, para Boal, o teatro é a vida estilizada, porque tudo que fazemos em um fazemos no outro, e é verdade. Ainda mais no teatro que a plateia participa com um personagem na tentativa de resolver a cena. Sendo que, como plateia, é muito fácil resolver questões. Quando a pessoa desce, vê que o "buraco é mais embaixo", e nem sempre se resolve.

Eu vivi um oprimido em cena e depois vivi o opressor, em uma história verídica que aconteceu em uma penitenciária no Rio de Janeiro. Fiquei impressionado no Teatro do Oprimido com a capacidade de criação dos que nunca tinham visto teatro antes. E como o método do Boal pode ajudar muito as pessoas. Nessa cena do presídio, a história era de um professor que dava aulas no presídio e decide levar informática para a penitenciária. A direção não deixa. A plateia passa a participar a partir daí, no lugar dos detentos, do professor e da direção do presídio. A música, cenário, figurino e improvisação de textos, criação dos atores e não atores.

Eu sei que Boal estará presente conosco por toda a nossa vida e que não há motivos para chorar sua morte e sim caminhar. Boal tinha saída para tudo, por isso até que criou tantos teatros. Então nós temos mais é que caminhar, temos mais é que buscar um mundo melhor.

Eu gostaria que existisse um Boal em cada esquina. Isso não é possível e talvez seria chato, mas ler os livros do Boal é mais que possível, é imprescindível. Uma imensa oportunidade para atores e não atores. Aí vão alguns títulos da Overdose de Boal:

> **Arena conta Tiradentes.** São Paulo: Sagarana,1967.
> **Crônicas de Nuestra América.** São Paulo: Codecri, 1973.
> **Técnicas Latino-Americanas de teatro popular: uma revolução copernicana ao contrário.** São Paulo: Hucitec, 1975.
> **Teatro do oprimido e outras poéticas políticas.** Rio de Janeiro. Civilização Brasileira. 1975.
> **Jane Spitfire.** Rio de Janeiro: Codecri,1977.
> **Murro em Ponta de Faca.** São Paulo: Hucitec, 1978.
> **Milagre no Brasil.** Rio de Janeiro: Civilização Brasileira, 1979.
> **Stop: ces't magique.** Rio de Janeiro: Civilização Brasileira, 1980.
> **Teatro de Augusto Boal. vol.1.** São Paulo: Hucitec,1986.
> **Teatro de Augusto Boal. vol.2.** São Paulo: Hucitec,1986.
> **O Corsário do Rei.** Rio de Janeiro: Civilização Brasileira, 1986.
> **O arco-íris do desejo: método Boal de teatro e terapia.** Rio de Janeiro: Civilização Brasileira, 1990.
> **O Suicida com Medo da Morte.** Rio de Janeiro: Civilização Brasileira, 1992
> **Teatro legislativo.** Rio de Janeiro: Civilização Brasileira, 1996.
> **Aqui Ninguém é Burro!** Rio de Janeiro: Revan, 1996
> **Jogos para atores e não atores.** Rio de Janeiro: Civilização Brasileira, 1998.
> **Hamlet e o filho do padeiro.** Rio de Janeiro: Civilização Brasileira, 2000.
> **Teatro como arte marcial.** Rio de Janeiro: Garamond, 2003.

Valeu, Boal!

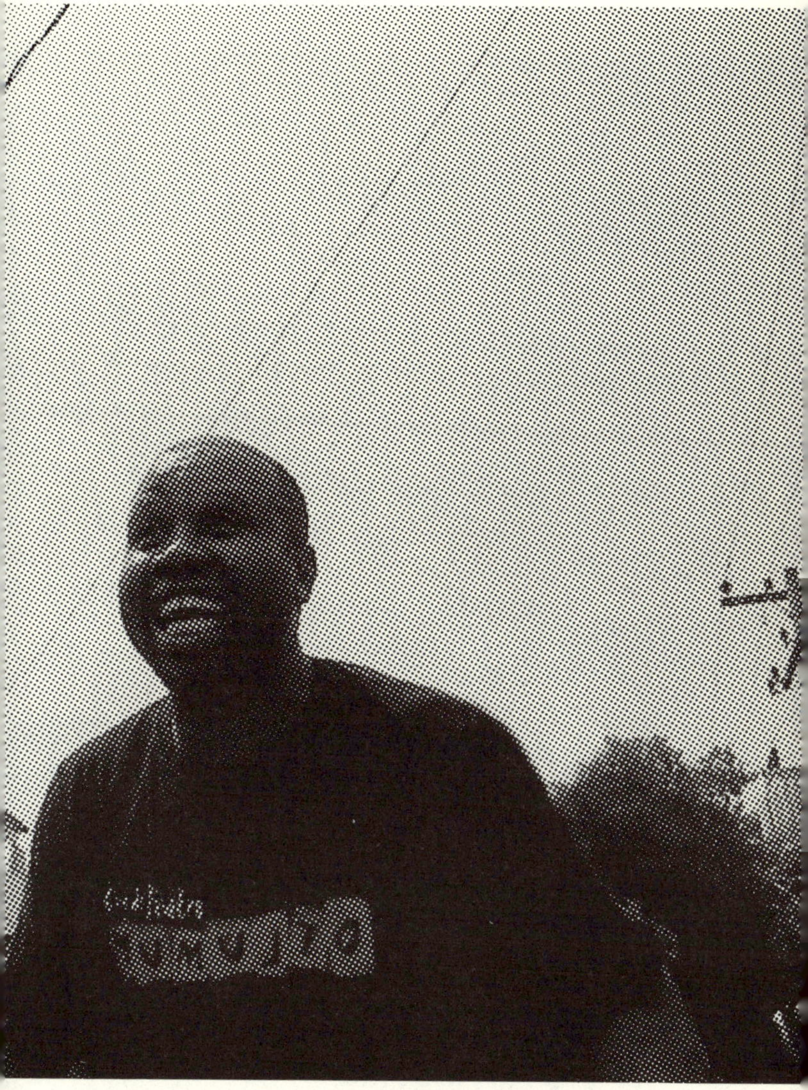

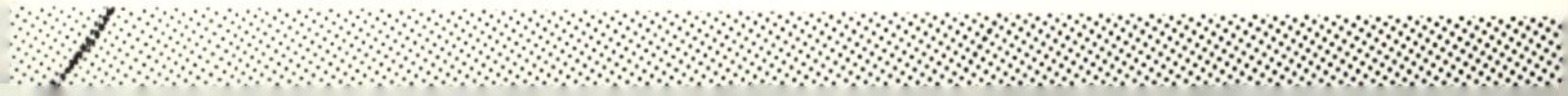

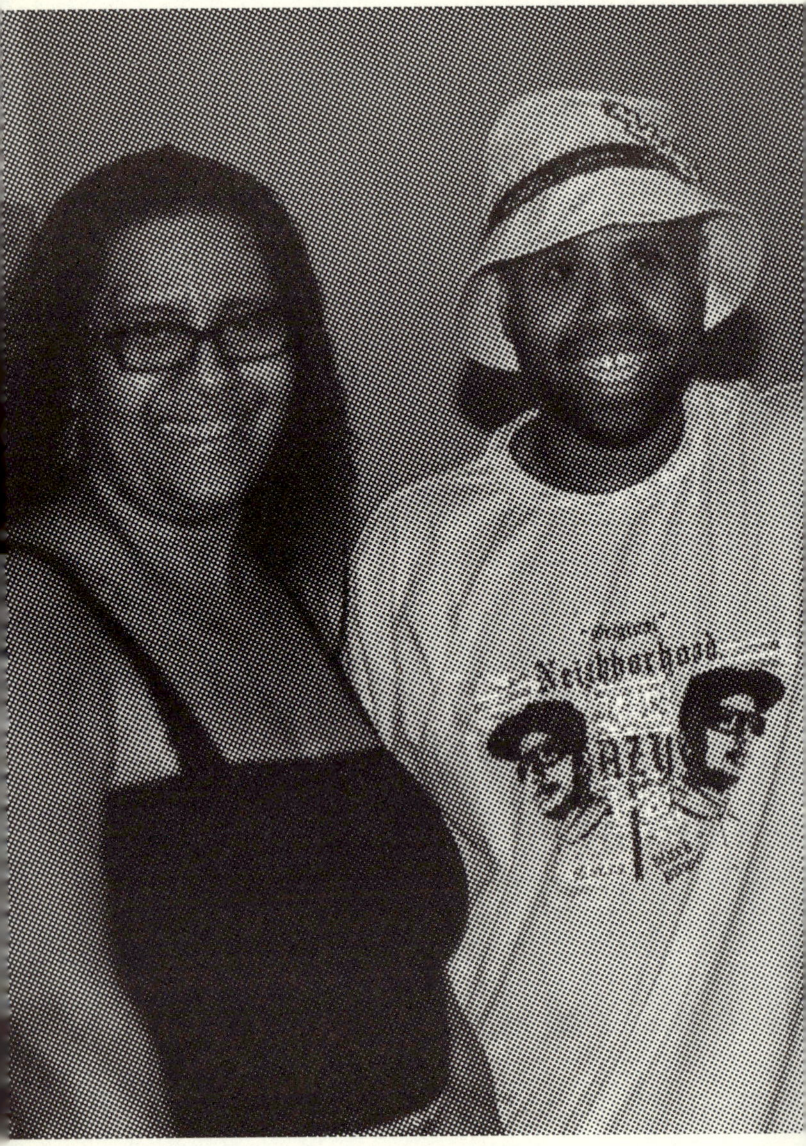
Neighborhood

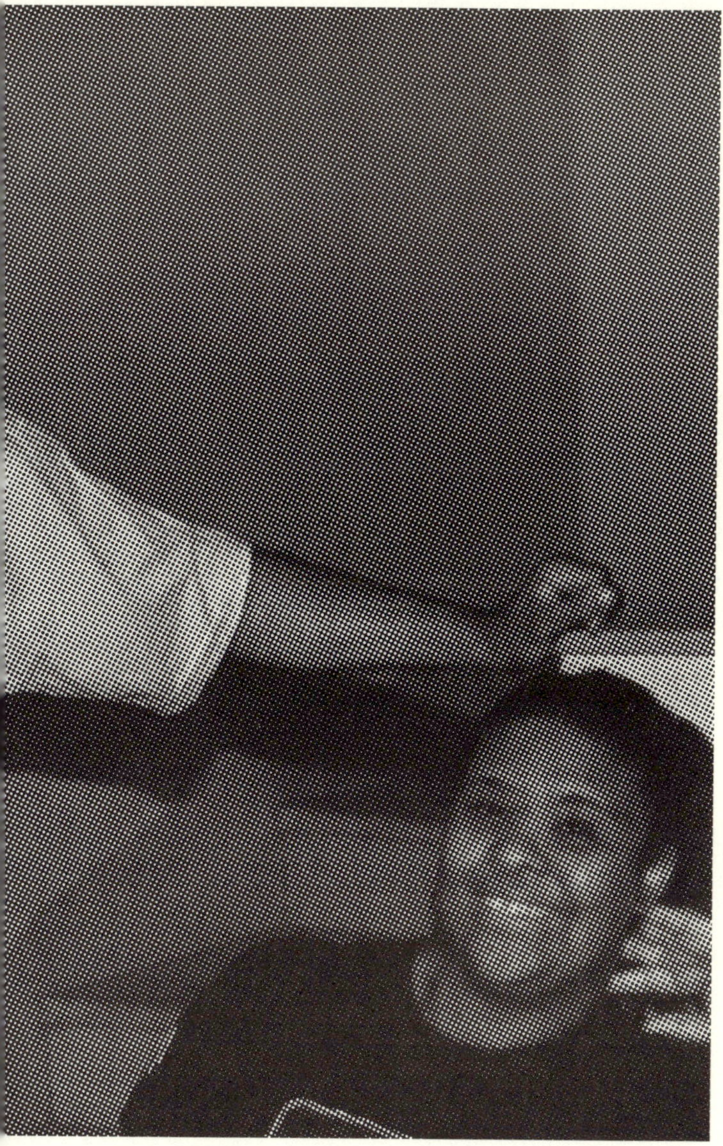

Agradecimentos

Eu vou agradecer a muitas pessoas e vou esquecer de agradecer a tantas outras, mas no meu coração gostaria de lembrar de todas.

Quando comecei a escrever esse livro, acreditava que terminaria em pouco mais de três meses. Recebi o convite em abril de 2009 e comecei a escrever, de fato, em junho do mesmo ano. Minha meta era me dar o livro de presente em outubro, mês do meu aniversário. A música do João Nogueira me dava esse respaldo "Não precisa estar nem feliz, nem aflito, nem se refugiar em lugar mais bonito, em busca da inspiração", mas na prática, vivi momentos de muita angústia por não conseguir escrever sequer uma linha ou por cortar até histórias inteiras. Às vezes me sentia preconceituoso, racialista, e em alguns momentos percebia a importância de deixar as coisas como foram vividas nuas e cruas, e fazer o retrato mais fiel possível do que foi minha vida até aqui, dentro e fora da Cufa. Foram momentos inesquecíveis que vivi com muitos dos que vou agradecer aqui: instituições, amigos, parceiros, familiares, colegas de trabalho e, sobretudo, a Deus por ter me dado sabedoria.

Aos que ficaram no olho do furacão comigo

Minha mãe querida, Vania Show, é a primeira. Na bíblia tem uma passagem que diz "O amor de Cristo nos constrange". Eu sei o quanto o seu amor me constrange, me sinto incapaz de retribuir tanto amor. Te amo, obrigado por ter opinado no livro, foi crucial.

Meu super-herói, Luiz Carlos. Pai, desde sempre você foi importante para mim e nesse livro, além de permitir que eu escrevesse a seu respeito e da nossa família, você me deu uma guarida muito importante no seu bangalô. Lá eu tive o sossego que precisava para organizar minha obra. Nunca vou ter como retribuir isso, mas aqui vai toda a minha gratidão pelo apoio que me deu.

Luizes, meus amados filhos Rafael, Davi e Anderson. A vida é bem melhor com vocês por perto.

Antonia Gama me ajudou a enxergar o livro, dei a ela um monte de texto solto e ela me devolveu já com sumário e ordem dos capítulos. Camilla Savoia foi muito paciente comigo na luta da arte contra o tempo. Parabéns e muito obrigado por todas as vezes que me fez rever uma decisão no livro.

Eliane Costa pela belíssima apresentação e pela indicação. Dessa indicação nascerá certamente outras obras literárias, cinematográficas, teatrais, que, na verdade, já surgiram. Heloisa Buarque de Holanda, poderia escrever muito sobre o quanto devo lhe agradecer, mas vou fazer melhor: quero te agradecer pela existência da coleção, por dar a oportunidade a mais de 30 livros, em sua maioria de autores estreantes, que agora podem inclusive decidir por essa carreira ou não. Seu trabalho é importante dentro e fora da academia, eu já era fã da Tramas Urbanas e hoje sou também autor dessa coleção tão bacana e relevante. Mestre Cacá (Carlos Diegues), como lhe chamo, seu prefácio fala muito minha língua e eu necessitava de algo assim no livro, você deu mais uma tacada de mestre, brigadão.

Por ultimo, quero dizer que os documentários "A voz da Prisão" e "Web Doc`s" foram feitos em paralelo com este livro, de hotel em hotel, de cidade em cidade, fui linha a linha terminando o livro. Devo muito agradecer a Ulisses, Ray, Edipo e, sobretudo, as Cufas dos estados do Acre,

Pará, Mato Grosso do Sul, Brasília, Bahia, Ceará e Rio Grande do Sul, que nos recepcionaram.

"Tu não tá sozinho não"

Na alegria ou tristeza, no amor ou na dor, palavras quase santas para falar de pessoas especiais, amigos quase irmãos. Eles se encaixam perfeitamente na minha vida e assim como Djavan cantou "Só eu sei, as esquinas por que passei", são eles que a cada esquina estiveram, estão e estarão sempre comigo: Nino Brow, Clecio Arruda, Rafaela Baia, Paulo Rastha (Douto), Cacau Amaral, Patricia Braga, Liz Oliveira, Rodrigo Felha, Nelson Davi, Torquato, Thiago Conceição e Priscilane Jeronimo, mãe da minha xerox autenticada: o caçula Luiz Anderson.

Instituições

Muitas dessas fazem parte do meu cotidiano e algumas dessas fazem parte da minha história: Cufa, Cia. Tumulto, Chapa Preta, Bando de Teatro Olodum, Cia. dos Comuns, LaTa Filmes, Lapilar, Petrobras, Rocha Produções, Teatro de Anônimo, CASA, Canal Brasil, TV Brasil, Mapa Filmes, Mundo ao contrário, CTO, Tá na Rua, Crescer e Viver, Conspiração Filmes, Centro Afro Carioca, PUC, Kitabu, Caliban, Nextel, Fundação Ford, 5º circunscrição de registro civil, T4 Instalações Prediais, Aeroplano, ESEM, Nós do Morro, AfroReggae, Cinema Nosso, Luz Mágica, Telezom, Gege.

Família

Minha família vem de muitos lugares e está espalhada no Brasil e no exterior. Tem gente que nem conheço, mas é meu parente. Essa é a grande família que Deus me deu e que eu amo.

Marcelo, meu irmão, pai das minhas lindas sobrinhas, Marcele e Gabriela, minha irmã Malcia, Leandro Alves Martins (seu Queque), Murilo, Inara, Toni Wilian, Tio Getúlio, João, Carlinho, Limão, Tia Nadir, Dulcineia, Regina, Maroca, Maria Alice, Tania, Abigail, Gilda (minha madrinha querida), Tereza, minha prima preferida Beth (Olha aê o picolé!) e meu primo Robson.

Parceiros

Meus parceiros aqui são antes de mais nada também meus amigos: Guida Viana, Marilza Athayde, mãe do Tales e do Junior, dona Marina, seu Jair, Nega Gizza, João Carlos Artigos, Marcio Vieira, Stepan Nercessian, Jorge Coutinho, Chica Xavier, Natara Ney, Vitor Leite, André Lucas, Daniel Leite, Bruno Bastos, Dudu Nobre, Demerval Coelho, Maria Padilha, José Carlos Avelar, Julio Cesar Tavares, Carlinho irmão do João, Bettine Silveira, Cal Albuquerque, Marcio Libar, Gal Quaresma, Débora Almeida, Tania Rocha, Camila Motta, Isabel Miranda, Luiz Antonio Pilar, Lázaro Ramos, Flora Gil, Luis Erlanger, Luiz Eduardo Soares, Katia Santos, Miriam Guindade, Silvia Ramos, Numa, Elza Ibrahim, Zózimo Bulbul, Biza Viana, Wellington Farias, Elisio Lopes Jr., Aline Dias, Thais, Rafael Vandystadt, Rafael Dragaud, Silvio Tendler, Joel Zito Araujo, Cobrinha, Zebrinha, Chica Carelli, Tolubara, Érico Braz, Jorge Washington, Lenon, Val, Auristela, Renata Almeida Magalhães, Tereza Gonzalez, Alexandre Ramos, Pedro Paulo de Souza, Quito Ribeiro, Pedro Buarque de Hollanda, Paula Bezerra, dona Terezinha, Mariana Ximenes, Mestre Garrincha, Gustavo Melo, Rodrigo dos Santos, Valéria Monã, Ana Paula Carvalho, Paulo Marques, Ana Melo, Cristina Carvalho, Adriana Miranda, Lili, Nani Martins, André Sadi, Paulo Mendonça, Zelito Viana, Vera de Paula, Bianca, Marcinha, Vanessa (as três últimas dos tempos do Missiê), Tia Eunice, Eris JR, Piri, Alex Borges, Luiza Braga, Luiza Castro, Elaine Dias,

Elaine Raymundo, Fabiano Castro, Adriana Rattes, Denise Dora, Arthur Dapieve, Daniel Vicente, Eva Doris, Lico Tuler, Amir Haddad, Claudia, Claudete, Barbara, Flávia Berton.

Amigos

"Eu quero ter um milhão de amigos e bem mais forte poder cantar." Meus amigos são muitos, evidentemente não vou dar nomes a todos os bois.

Anselmo e Selma, Ariel, Valéria, Neli, Andrea, Marise, prof. Miguel e prof. Cesar, Dimi, Batavo (Geusué), Dugo, Jonas (meu padrinho), Sandro, Digão, Dedé, Aprigio, Flávio Cachaça, Leo Bezerra, Ramalho, Diana, Manelzinho, Rosa, JC, meu compadre de fogueira, Fernando Barcelos, Renata, que chamo de Mônica, Mônica Monteiro, mãe do meu filho Luiz Rafael, artista como o pai. KMilla CDD, Karina Spinosa, Vanessa Almeida, Vanessa Soares, Cleide, Damiana, Didiério, Duzinho, André Caetano, Panda, Nininho, Pablito, Claudio Roberto, Cristina, Renata Jacaré, Selma, minha comadre, Bidu, Alexandre Pedro,Timbalada em algum lugar na Europa, Ailto, De Barros, Abelardo, Alexandro, Galdino, Cris Negro, Kenia Pio, Criz Grafiti, Dido Madrugada, Miguel Vassi, DMC, Flavia Chaves, Flavia Caetano, Nemá, Edipo, Lucas, Tininho, Vilson Son, André Pilar, Flavinha, Marcelo Gusmão, Ana Paula Junior Baiano, Di, Fú, Arifam, Charles Rosa, Rabisquinho, Leila, filha da dona Nete, Pretão, André Mala, Marcos Poia, Tiago Penga, Paulinho da Darcy, Banzai, Bidial, Nana, Tatiana, Lú, Ana Paula, Mãe Rosa, Tia Lea, Luiz Fernando, filho da Luiza, vó do meu afilhado Jefferson Gongo.

À memória dos amigos

Tio Denni, Tio Clemente e Tio Tuca, Edson Saugueiro, Wanderney, o Ney, Sandro Brizola, Vitinho, o Dumbo, Dill e meu tio avô, Dodo.

Imagens: índice e créditos

P. 27 **Anderson Quack em uma rua da CDD**
foto: Arquivo pessoal

P.30-31 **Anderson Quack na época do boy de macumba, festa do Erê**
foto: Arquivo pessoal

P.36 **Anderson Quack na Crisma, Igreja do Loreto Freguesia, em Jacarepaguá**
foto: Arquivo pessoal

P.43 **Anderson Quack com o pai e amigos de infância na final do campeonato mirim na CDD/AP**
foto: Arquivo pessoal

P.48-49 **Anderson Quack com amigos na formatura da Aeronáutica**
foto: Arquivo pessoal

P.50-51 **Anderson Quack com vó Creusa e seu pai Luiz Carlos. No fundo, Nino e Torquato.**
foto: Arquivo pessoal

P.58-59 **Chegada de Ronaldo Fenômeno na CDD**
foto: Arquivo Cufa

P.60 **Anderson Quack, Ronaldo Fenômeno e MV Bill**
foto: Arquivo Cufa

P.64 **Mariana Ximenes, Anderson Quack e Ingrid Guimarães, em matéria do Jornal O Globo**
foto: Arquivo Cia. Tumulto

P.65 **Maria Padilha, Anderson Quack e o elenco de "Cordélia Brasil", depois de apresentação na CDD**
foto: Arquivo Cia. Tumulto

P.70-71 **Quack, Felha e Nino no aniversário da Cia. Tumulto, em uma churrascaria em Jacarepaguá**
foto: Arquivo Cia. Tumulto

P.76-77   Rodrigo Felha, Cacau Amaral, Nega Gizza e Anderson Quack, em matéria do jornal O Globo
foto: Arquivo Cufa

P.80-81   MV Bill falando com Lula na CDD, em 2006
foto: Arquivo Cufa

P.85   Flora Gil e Quack, no encontro com Lula, em 2006
foto: Arquivo Cufa

P.96-97   Quack na Cidade de Deus
fotógrafa: Elza Ibrahim

P.108   Anderson Quack apertando a mão de Nino e Torquato apertando a mão de Didiério
foto: Arquivo pessoal

P.109   Anderson Quack comemorando aniversário com Nino, Queque, Torquato e mais uma pá de gente
foto: Arquivo pessoal

P.110-111   Carteira da Cufa de Anderson Luiz Alves de Oliveira, o Quack, e Jeferson Gonzo, o Nino
foto: Arquivo Cufa

P.117   Anderson Quack com as primas Beth e Elisângela, e a irmã, Liz Oliveira, nas triagens da Cidade de Deus, terra dos Pixiguitos
foto: Arquivo pessoal

P.121   Anderson Quack na casa do primo Dudu da Rocinha
foto: Arquivo pessoal

P.129   Anderson Quack com amigos da CDD homenageando o prêmio da MTV que MV Bill ganhou
foto: Arquivo pessoal

P.136-137   Cena da primeira apresentação da Cia. Tumulto no Pilotis da PUC, em 24 de outubro de 2001
foto: Arquivo Cia. Tumulto

P.138-139   Charles Rosa puxando o bonde, seguido por Andrea fortes, Anderson Quack, Carol Shortinho, Juliana Nick, Cacau Amaral, Dália e Miguel ao fundo
fotógrafa: Elza Ibrahim

P.146   Anderson Quack com a bandeira do Brasil no espetáculo de rua "Não adianta falar", em 1º de maio de 2003, dia do trabalhador. Protesto contra morte de mototaxista.
foto: Arquivo Cia. Tumulto

P.151 **Flyer do evento "Pague para ver", anunciando a peça Papo Calcinha, de direção de Anderson Quack, com a Cia. Tumulto**
arte: Kapony

P.160-161 **Anderson Quack em um restaurante em Cabo Frio tirando foto para presentear o pai**
foto: Arquivo pessoal

P.166-167 **Anderson Quack e a mão do seu Tio Tami. Desenho feito na cabeça pelo barbeiro Rabisquinho, no bloco velho da CDD.**
foto: Arquivo pessoal

P.173 **Anderson Quack comemorando aniversário na casa da vó Creusa com parentes e amigos, como todo aniversário**
foto: Arquivo pessoal

P.174-175 **Anderson Quack é o primeiro bate-bola mascarado da turma com bola de meia, na Praça Te Contei, no AP da CDD, na década de 1980**
foto: Arquivo pessoal

P.180 **Anderson Quack com pai, irmã e prima no banho de mar a fantasia em Sepetiba**
foto: Arquivo pessoal

P.181 **Anderson Quack na Escola Alphosons Guimarães, onde estudou até a segunda série, na Cidade de Deus**
foto: Arquivo pessoal

P.182-183 **Uma das primeiras obras de arte do filho de Quack, Luiz Rafael**
foto: Arquivo pessoal

P.191 **Anderson Quack com a camisa que ganhou da vó Creusa, no dia do aniversário**
foto: Arquivo pessoal

P.198-199 **Anderson Quack com amigos no baile funk do Coroado, de Jacarepaguá, no AP da CDD, na década de 1990**
foto: Arquivo pessoal

P.200-201 **Anderson Quack ao lado de Cuca, e Torquato ao lado de Gilberto, no paredão do Coroado, na década de 1990**
foto: Arquivo pessoal

P.210-211 **Anderson Quack, seu pai, Luiz Carlos, e Cintia, rainha de bateria, e alguns amigos no desfile do Coroado de Jacarepaguá, na Avenida Rio Branco**
foto: Arquivo pessoal

P.218   **Rapin Hood, Anderson Quack (de MC Ben 10, personagem que fez na abertura do Prêmio Hutúz 10 anos) e Caetano Veloso cantando "Odara" e "Sujeito homem parte 2", no palco do Canecão, em novembro de 2009**
foto: Arquivo Cufa

P.219   **Anderson Quack de MC Ben 10 agitando a galera no Canecão**
foto: Arquivo Cufa

P.225   **Marca Hutúz**
arte: Cucua

P.232   **Anderson Quack, Celso Athayde e Rafael Dragaud antes da leitura do roteiro "Arroz com feijão" para o projeto 5x Favela – Agora por nós mesmos, de Cacá Diegues**
foto: Arquivo Cia. Tumulto

P.235   **Anderson Quack e MV Bill, no aniversário da Cia. Tumulto, em 2004**
foto: Arquivo Cia. Tumulto

P.242   **Anderson Quack, Andre Lavaquial, Lázaro Ramos, Joyce Santos e Cacau Amaral, diretores do Programa "Espelho"**
foto: Débora 70

P.256-257 **Anderson Quack com Paulo Rastha dançando cacuriá, no encontro com oficina de sotaques**
foto: Arquivo Cia. Tumulto

P.258-259 **Vania Show, minha mãe, eu e Liz Oliveira, minha irmã**
foto: Arquivo Cufa

P.270   **Anderson Quack filmando apresentação do Teatro de Anônimo na Cidade de Deus**
fotógrafa: Elza Ibrahim

Sobre o autor

Anderson Quack é carioca da Cidade de Deus, um dos fundadores e membro da Central Única das Favelas (Cufa), fundador e diretor da Cia. de Teatro Tumulto. Quack, como é conhecido, coordenou o núcleo de audiovisual da Cufa por quatro anos, de 2003 a 2006. Nesse período produziu e dirigiu mais de quarenta curtas com os alunos, em sua maioria documentários, foi um dos produtores do documentário "Falcão, meninos do tráfico", de Celso Athayde e MV Bill. Quack integra o núcleo-direção da Cufa Filmes, onde dirige projetos audiovisuais para TV, cinema e internet. Dirige o programa "Espelho", do Canal Brasil, apresentado por Lázaro Ramos, uma produção da LaTa Filmes.

Seus pais, nativos da Zona Sul carioca, vieram removidos para a Cidade de Deus nas décadas de 1960 e 1970 junto com outras favelas removidas. Esse tema sempre esteve na cabeça de Quack que, ao lado de Luiz Antonio Pilar, está na direção do seu primeiro longa-metragem de documentário chamado "Remoção".

Este livro foi composto em Akkurat.
O Papel utilizado para a capa foi o Cartão Supremo 250g/m².
Para o miolo foi utilizado o Pólen Bold 90g/m².
Impresso pela Imprinta Express em novembro de 2010.

Todos os recursos foram empenhados para identificar e
obter as autorizações dos fotógrafos e seus retratados.
Qualquer falha nessa obtenção terá ocorrido por total
desinformação ou por erro de identificação do próprio
contato. A editora está à disposição para corrigir e conceder
os créditos aos verdadeiros titulares.